현대신서
302

아이들에게 설명하는 죽음

에마뉘엘 위스망 페랭

김미정 옮김

東文選

아이들에게 설명하는 죽음

Emmanuelle Huisman-Perrin
La Mort expliquée à ma fille

© Éditions du Seuil, 2002

This edition was published by arrangement
with Éditions du Seuil, Paris
through Bestun Korea Agency Co., Seoul

어머니에게 바칩니다,
　　할머니를 기리며.

머리말

 자신의 딸에게, 그것도 이제 11세에 지나지 않은 어린 아이에게 죽음에 대하여 설명한다는 것이 어쩌면 어쭙잖은 시도일 수도 있겠다. 이렇듯 심각한 주제보다 아이에게 더 잘 어울리는 이야기들, 그 나이 적에 가르쳐 주어야 하거나 또는 보다 다루기 쉬운 이야기가 있을 듯하기 때문이다. 게다가 죽음은 여기에 나오는 할머니와 어머니, 딸에게만 관련된 것이 아니라 할아버지와 아버지, 아들 모두와도 관련이 있다.
 그러면 내가 이처럼 심각하지 않은 방식으로 죽음을 설명해 보아야겠다고 결심한 이유는 무엇일까? 누구나 그렇겠지만 나도 내 아이들에게 친지의 죽음을 알려야 했던 일이 있었다. 다른 사람들보다 더 자주 있었던 것 같다. 그때마다 나는 그것이 내 삶을 바꿔 놓았듯이 내 아이들에게도 크게 영향을 미칠는지도 모른다는 생각으로 혼란

스러웠다.

 이 책은 그런 이야기를 다루지는 않았다. 나는 이 책에서 누군가의 죽음을 알린다거나, 사람들의 인생을 바꿔 놓을 만한 그런 이야기를 하려는 게 아니다. 다만 비극적인 상황이 아니라 침착함을 유지할 수 있는 때에, 내가 살면서 이해한 죽음에 대해 막내아이에게 이야기해 주려는 것이다. 그 아이보다 몇 살 더 많은 아들이나 이 주제에 관심을 가진 이들 대신 11세의 딸아이를 선택한 까닭은, 유아기를 벗어난 아이들이 죽음을 더 쉽게 말할 수 있다고 생각하였기 때문이다. 아주 나어린 아이들은 죽음을 자주 입에 담는다. 그런데 그런 아이들이 커가면서는 더 이상 그런 말을 하지 않게 된다. 어른들의 고통과 침묵을 인식하였기 때문이다. 나는 이런 침묵과 싸우고 싶다. 우리가 죽음을 피할 수는 없겠지만, 적어도 그것을 불가사의한 일이나 금기로 여기는 것만은 피할 수 있다.

 이러한 시도의 이면에는 죽음에 대해 위안이 되는 대화를 했으면 하는, 죽음으로부터 쓰라린 상실이나 고통의 이유만을 찾지 말고 그것을 자연스러운 현상으로 이해했으면 하는 조금은 헛된 바람이 숨어 있다.

 깊은 슬픔에 빠져 있거나 절망 가운데 있는 이들에게는 이런 식의 대화가 의미 없고 너무 가볍게 느껴질 수도 있을 것이다. 하지만 죽음에 대해 이야기하고, 그 의미를 잃지 않고 고찰하며, 그것을 있는 그대로 생각해 보는 것. 즉 죽음을 분석하지 않으면서도 정확히 언급하는 것은, 결코 죽음을 이해한다거나 완벽하게 설명하는 것이 아니며, 그런 일은 가능하지도 않다. 대신 죽음이 주는 공포와 두려움을 피할 수 있도록 죽음에 대해 듣고, 그것에 적응하는 것을 말한다. 아이와 죽음에 대해서 이야기하는 것은, 죽음이 주는 고통과 침묵으로부터 벗어나게 함으로써 삶의 가장 가까이에 다가서는 최선의 방법이다.

아이들에게 설명하는 죽음

Q 오늘 학교에서 죽음에 대하여 이야기했어요. 마틸드의 아버지께서 돌아가셨거든요. 정말 무서웠어요. 우리 모두 마음이 몹시 아팠고, 마틸드는 얼굴이 새하얘졌어요.

사람들이 될 수 있으면 입에 담지 않으려고 하는 이야기들이 있단다. 죽음, 성(性), 가끔은 돈에 대해서도 그렇지. 그런 것들을 '금기'라고 해. 그런 이야기는 다른 사람들을 난처하게 하거나 상처를 줄 수도 있고, 또 고통스런 기억을 떠올리게 할 수도 있기 때문에 피하려고 하지. 하지만 우리가 이야기하지 못할 주제란 없다고 엄마는 생각해. 물론 상황에 따라, 같이 이야기하는 대상에 따라 달라지긴 하지. 따라서 말하는 시기도 잘 선택해야 하고. 넌 수업중에 마틸드의 아버지가 돌아가신 이야기를 하지 않은 편이 좋았을 거라고 생각하니?

Q 네, 모두들 마음 아프기만 하였을 뿐 아무것도 바뀌지 않았는걸요. 마틸드는 우리가 모르기를 바랐어요. 선생님께서 말씀하시지 않았다면 모두들 덜 힘들었을 텐데……

죽음에 대하여 이야기하는 게 아무 소용 없는 일이라면 금기시하는 게 옳겠지…….

Q 아마도 그럴 것 같아요. 하지만 죽음에 관한 이야기를 제게 들려주실래요, 엄마? 듣고서 제가 얼마쯤 안심하게 되리라고 생각하신다면요!

널 안심시킬 수 있을 것 같진 않구나. 엄마 역시 죽음만큼 고통스러운 것은 없다고 생각하니까. 너희들이나 엄마의 건강을 염려할 때, 그러니까 건강 검진 결과가 정상이 아니라든가 너희들에게 어떤 사고가 일어날 수도 있다는 상상을 할 때면 정말 얼마나 두려운지 모른다. 안절부

절못하게 되지……. 그래서 일에 집중할 수 없을 때도 있어. 죽음을 생각하면 그렇게 온몸이 마비되어 버릴 지경이란다.

 **왜 그러는 거예요?**

그건 말이지, 우린 현재의 상황이 계속되길 바라기 때문이란다. 지금과 같은 삶이 계속되길 바라는 거야. 아이들이 별탈 없이 자라고, 어른들은 조용히 나이를 먹어 가길 바라지. 그리고 또 다른 이유는 우리가 죽음과 그 이후의 세계에 대해, 우리에게 무슨 일이 일어날지에 대해 아무것도 알지 못하기 때문일 거야. 죽음이란 정말 알 수 없는 것이니까…….

 **정말이지 무서워요. 그후에 무엇이 있는지 알 수가 없으니까요…….**

그건 두려운 일이지. 하지만 동시에 흥미로운 일이기도 하잖니? 온갖 것들을 상상할 수가 있으니 말이야. 예를

들어 죽은 후 우리가 예전에 헤어졌던 이들을 모두 만날 수 있다든지, 아니면 진짜 인생이 그때부터 시작된다고 생각할 수도 있지. 아무런 문제나 질병이 없는 평탄한 인생 말야.

 제 생각엔 정말 아무것도 없을 것 같아요. 엄마도 없고요. 그것 때문에 무섭고 슬퍼요. 엄마를 다시 만날 수 있다면 안심이 될 텐데······.

슬퍼할 필요는 없어. 아무것도 확실한 게 아니니까. 죽은 후 무엇이 우릴 기다리고 있는지 알려줄 수 있는 이가 아무도 없는걸······.

 정말이에요?

그럼! 우리는 그런 식으로 죽음을 인정하게 되는 거야. 아무도 죽음으로부터 벗어날 수 없고, 다시 돌아올 수 없다는 사실로부터 말야. 죽은 사람이 살아 돌아오는 일은 신화나 이야기 속에서만 가능한 일이지. 어디 보자, 오르

페우스 신화를 알고 있니?

 아니오, 신화가 뭔지도 모르는걸요!

고대 그리스·로마 시대에는, 잘 이해되지 않은 일들을 설명하기 위해서 신화의 도움을 받았지. 신화는 신들과 전설적인 인물들이 등장하는 이야기인데, 이성적으로 설명할 수 없는 것들의 의미와 기원을 알게 해준단다. 오르페우스는 죽음의 세계에 다녀온 시인이지. 그는 신으로부터 리라를 선물받았고, 또 그것을 멋지게 연주할 수가 있었어. 그 오르페우스가 에우리디케라는 요정을 열렬히 사랑하여 결혼하였는데, 어느 날 그녀가 독사에게 물려 죽고 말았단다. 오르페우스의 고통과 슬픔은 이루 헤아릴 수가 없었지. 그리하여 그는 위험을 무릅쓰고서 에우리디케를 찾아 지하 세계로 내려갔단다. 에우리디케를 되살려내기 위해서였던 거지. 오르페우스는 리라를 연주하여 지하 세계의 문지기인 케르베로스를 진정시켰고, 그의 음악과 슬픔에 감동한 지하 세계의 왕 하데스는 오르페우스가 아내 에우리디케를 데리고 생명과 빛의 세상으로 다시 돌아가도록 허락하였단다. 단 하데스는 여기에 한 가지 조건을

걸었어. 바로 생명과 빛의 세상에 도달하기 전까지는 에우리디케를 돌아보아서는 안 된다는 것이었지. 그런데 생명의 땅을 향해 올라가 다시 태양을 본 순간, 오르페우스는 에우리디케가 잘 따라오고 있는지 보려고 그만 뒤를 돌아보고 말았고, 그 순간 그녀는 영원히 사라지고 말았단다.

오르페우스는 지하 세계로부터 다시 돌아올 수 있었기에 저승을 경험한 신화 속의 인물이라고 일컬을 수 있지. 하지만 그렇다고 해서 그가 저승에 속한 것은 아니란다. 저승을 여행할 때, 그는 죽음의 상태가 아니었거든. 이 신화 속에서도 인간은 한계를 벗어나지 못했단다. 오르페우스는 죽음으로부터 벗어날 수 없었고, 에우리디케를 되살려내지도 못했으니까.

Q 도무지 이해가 안 돼요! 우리는 살아 있는 상태로만 저승에서 다시 돌아올 수가 있어요. 하지만 우리가 살아 있다면 저승에 갈 수가 없는 거잖아요! 오르페우스가 저승에 갈 수 있었던 것은, 그가 상상 속의 인물이기 때문이에요. 왜냐하면 우리는 실제로 죽은 사람을 볼 수가 없으니까요!

신화가 무엇인지 잘 이해하였구나. 신화란 어떤 진실을 우리에게 알려 주려는 상상의 이야기란다. 현실이 이해되지 않을 때 그런 진실이 필요한 거야. 오르페우스 신화에서 우리는 첫번째 교훈을 얻을 수가 있어. 죽은 사람은 되돌아올 수 없다는 사실, 이승에 남은 이가 아무리 그를 사랑한다 할지라도 말이지. 오르페우스가 그의 사랑을 다하였음에도 에우리디케를 되살려낼 수 없었던 것처럼.

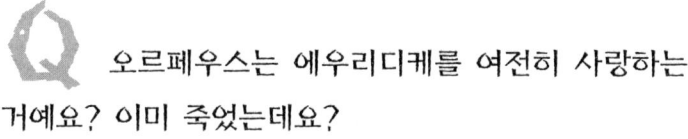 오르페우스는 에우리디케를 여전히 사랑하는 거예요? 이미 죽었는데요?

그래, 사랑하는 이가 죽었다 해서 그 사랑까지 하루아침에 사라지는 것은 아니란다. 그렇게 된다면 오히려 편하겠지만 현실은 결코 그렇지가 않아. 죽은 이에 대한 사랑은 우리 안에 그대로 남는 거야. 그가 이제 이 세상에 없어서 우리의 사랑을 더 이상 보여줄 수가 없더라도 말이지. 이렇게 죽은 이에 대한 사랑이 여전히 우리 마음속에 남아 있을 때에는 어찌할 방법이 없단다. 정말 힘든 일이지……

 그럼 사람들은 어떻게 하나요?

처음엔 몹시 슬퍼하지, 절망하기도 하고. 그런 후에는 다른 사람이나 물건으로 그 사랑을 옮기려 하지. 하지만 그건 결코 쉬운 일이 아니란다. 남아 있는 사람들이 아니라, 바로 죽은 그가 그리운 거니까.

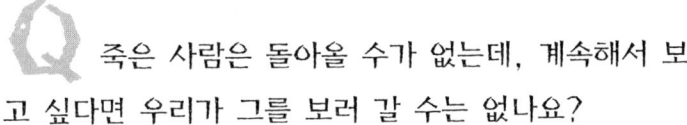 죽은 사람은 돌아올 수가 없는데, 계속해서 보고 싶다면 우리가 그를 보러 갈 수는 없나요?

죽은 이를 어떻게 보러 간다는 거지?

 저승에 간 오르페우스처럼요……

그것이 신화 속의 일이라는 걸 잊었나 보구나! 오르페우스가 고개를 돌려 뒤돌아보자마자 에우리디케는 영원히 사라져 버렸잖니. 살아 있는 사람은 죽은 이들을 볼 수가 없다는 것이 그 신화가 주는 두번째 교훈이란다. 그것

은 현실에서도 마찬가지야. 우리는 죽은 이들을 볼 수가 없단다. 단지 남아 있는 그들의 몸이나 유골, 그들이 소유했던 물건만을 볼 수가 있는 거야. 그리고 상상과 꿈·추억만이 남게 되지.

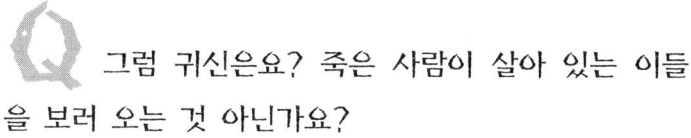 그럼 귀신은요? 죽은 사람이 살아 있는 이들을 보러 오는 것 아닌가요?

그건 우리들 멋대로 생각해 낸 것일 뿐이야. 유령이라고도 하지. 살아 있는 이들을 만나기 위해 돌아온 망자(亡者)를 가리키는 말이란다. 그들이 왜 돌아오는지 알고 있니?

 사람들을 겁주려구요?

어쩌면 몸을 누일 만한 무덤마저도 없어서일 거야. 사람들이 그들의 시신을 묻어 주지 않았거나, 관심을 두지 않았기에 화가 나서 그것을 깨닫게 해주려고 찾아오는 걸 거야. 엄마는 그러한 유령의 존재를 믿지 않아. 유령이 나타난다는 집도 믿지 않고. 하지만 죽은 이가 언젠가는 돌

아오리라고 믿는 자들도 있단다. 예를 들면 강제수용소에 갇혔던 이들이 그렇지. 그 수용소에서 돌아올 수 없었기에 우리는 그들을 묻어 줄 수가 없었단다. 유령이라기보다는 환영이라고 하는 편이 옳을 거야. 다시 말해 우리의 상상 속에서만 존재하는 이들이지. '유령(fantôme)'이라는 단어의 어원(그리스어로는 phanthasma)이 뜻하는 것도 그거야.

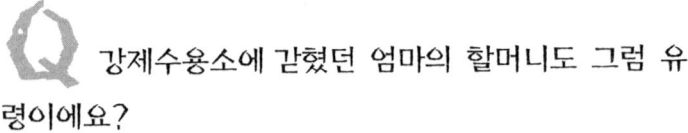 강제수용소에 갇혔던 엄마의 할머니도 그럼 유령이에요?

우리들에겐 오랫동안 그랬었지. 아우슈비츠에서 할머니에게 무슨 일이 일어났는지 알지 못하였고, 묘지에 비석을 세우거나 그분을 추모하는 마땅한 도리를 다하지 못했으니까.

하지만 엄마는 실제로 유령 따윈 믿지 않잖아요! 아까 엄마는 죽은 이들은 실제로 살아 돌아올 수 없다고 하였어요. 사람들이 바라는 것과 달리, 산 자는 죽은 이들을 볼 수가 없다고 하면서요. 엄마는 삶과 죽음 사이를 오가는 걸 믿지 않지요?

그래, 믿지 않는단다. 그런데 삶과 죽음 사이를 오간다는 것은 무얼 두고 하는 말이지?

Q 심하게 아프거나 정신을 잃을 때면, 우리는 이미 죽은 사람처럼 되는 것 아닌가요? 그러다 나으면 다시 살게 되는 거구요.

죽음을 경험한다는 것은, 결코 있을 수 없는 일이란다. 사람은 일생에 단 한번 죽는 거야. 죽었다가 되살아나서 죽어 있는 동안 보았던 일들을 말한다는 것은 불가능해. 누군가가 다시 살아난다면, 사실 그는 죽었던 게 아닌 거지. 죽음을 경험한 것으로 여기는 이들은 다만 혼수 상태에 빠져 있었던 거야. 그러므로 엄밀히 말하자면 삶과 죽음 사이를 오간다고 이야기할 수 없는 거란다.

 하지만 우리가 죽었다고 생각했는데, 사실은

그렇지 않은 이들도 있었던걸요!

 물론 그러한 경우가 몇 차례 있었지. 게다가 오랜 세월을 두고 인간은 산 채로 묻히는 걸 두려워해 왔단다. 하지만 어떤 것에 대한 두려움이나 공포가 아닌 현실을 이야기하고 있잖니. 현실에서 그런 일은 매우 드물단다. 오늘날은 더욱이 일어날 수가 없는 일이지. 의사가 환자의 죽음을 반드시 확인하거든. 의심스러울 땐 뇌파 검사를 하게 된단다. 검사 결과 뇌파가 일직선으로 나오거나, 거의 움직임이 없으면 죽은 것으로 진단하는 거야. 뇌사(腦死)라고 일컫는 게 그거지.

Q 산 채로 묻히지 않는다니 안심이에요. 그런데 죽은 후에 어떤 일이 우리를 기다리고 있는지 정말 알 수가 없는 거예요…….

 그건 누구도 알 수가 없단다. 풀리지 않는 신비라고 할 수 있지. 결코 밝혀지지도 않을 거야. 우리는 다만 죽음 이후의 세계에 대하여 인간이 상상하는 것만을 이야기할 뿐이지.

 그게 그거 아닌가요!

아니, 똑같은 건 아니란다. 그것은 지식이 아니라 단지 믿음이나 의견 · 꿈에 지나지 않는 거야…….

 그럼 죽은 다음엔 어떻게 되는 것인지 이야기해 주세요.

그것은 종교나 시대 · 인간에 대해 생각하는 방식에 따라 조금씩 다르다고 할 수 있단다……. 올해 6학년〔우리나라의 중학교 1학년에 해당〕에 올라갔으니까, 이집트인들이 죽음을 어떻게 생각하였는지 배웠겠지?

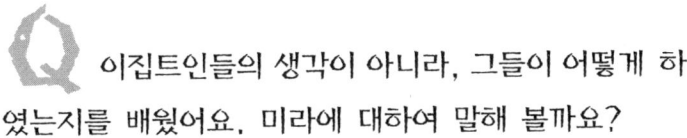 이집트인들의 생각이 아니라, 그들이 어떻게 하였는지를 배웠어요. 미라에 대하여 말해 볼까요?

그래, 그런데 왜 미라 이야기가 나오는 거지?

Q 왜냐하면 미라는 죽은 사람의 몸이거든요. 그것을 잘 보존하기 위해 붕대로 감아 놓은 거죠. 이집트인들은 죽은 후에도 살 수 있으려면 세 가지 조건이 필요했어요. 몸을 잘 보존해 두어야 하구요, 순결한 영혼을 지녀야 하고, 또 주술 의식을 치러야 해요. 죽은 이들은 오시리스[이집트 신화에서 사자(死者)의 신으로 숭배되었던 남신]의 심판대로 옮겨져 마음을 저울에 달게 되지요. 마음이 깃털보다 무거우면 괴물에게 잡아먹혀 영영 사라져 버렸대요. 깃털처럼 가벼우면, 그가 사는 동안 나쁜 일을 하지 않아서 그런 것이니 영원히 살 수가 있는 거죠.

이집트인들의 종교와, 그밖의 다른 많은 종교에서도 사는 동안 어떤 행동들을 하였는지가 죽은 후에 일어날 일들을 결정짓는단다.

Q 그럼 우리가 살아가는 동안 좋은 일을 하면 좋은 죽음을 맞을 수 있는 거예요?

죽은 후에 좋은 삶을 산다는 말이 더 합당하겠지……. 그런데 넌 영원히 사는 걸 믿니?

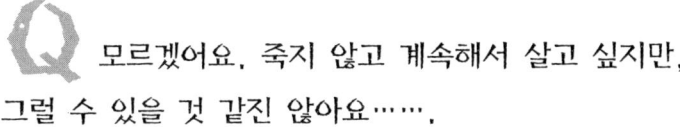 모르겠어요. 죽지 않고 계속해서 살고 싶지만, 그럴 수 있을 것 같진 않아요…….

어느 종교든 영혼과 육신의 문제에 대하여 말하고 있단다. 죽으면 우리의 육신은 이 세상에 남아 시들게 되지.

 그건 썩는다는 뜻이죠?

그래…… 그래서 어떤 종교에서는 육신과 분리된 영혼만이 살아남는다고 하지. 또 다른 종교에서는 다시 환생한다고 주장하고. 그러니까 다른 몸을 입고 다시 태어난다는 말이란다.

 다른 삶을 살게 되는 거예요?

그래, 바로 환생〔형상을 바꾸어 다시 태어나는 것을 이르는 불교 용어〕함으로써 생명을 이어간다는 뜻이야. 불교와 힌두교가 다양하게 변화된 종교들에서는 우리가 심지어 식물이나 동물이 될 수도 있다고 한단다.

 그럼 엄마가 토끼나 꽃, 공주가 될 수도 있는 거예요?

그렇지!

 그런데 어디서 그렇게 변하게 되는 거죠?

그것은 종교마다 다르단다. 불교와 힌두교에서는 그 환생이 지상에서 이루어진다고 여기지. 그러니까 열반〔불도를 완전하게 이루어 일체의 번뇌를 해탈한 최고의 경지를 나타내는 불교 용어〕의 경지에 이를 때까지 지상에서 몇 번이고 다시 사는 거야. 열반이란 윤회〔생명이 있는 것은 죽어도 다시 태어나 생이 반복된다고 하는 불교 사상〕라는 고리의 마지막 단계를 말하는데, 그제야 지상에서의 삶을

떠나는 거란다. 하지만 다른 종교에서는 죽음 이후에 가는 장소가 다양하단다. 하늘이 될 수도 있고, 땅 아래일 수도 있어……. 그곳은 상상 속의 장소들로서, 때로는 상징적이기도 하지. 예를 들면 기독교에서 천국은 하늘이고, 지옥은 땅의 중심부를 말하는 거란다. 그들에게 있어서 하나님과 가장 가까운 곳은 높은 곳, 즉 땅에서 가장 먼 곳이었기 때문이지.

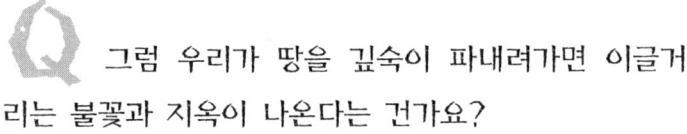 그럼 우리가 땅을 깊숙이 파내려가면 이글거리는 불꽃과 지옥이 나온다는 건가요?

아니야, 그러한 상징적 공간은 현실 속에서가 아니라 믿음이나 상상 속에서 존재하는 거란다. 하지만 상상이라 하더라도 인간들에게 거의 현실과 다름없는 영향력을 지니고 있지. 수천 년 동안 인간은 정말로 지옥이 있으리라 믿었고, 그곳의 존재를 확신했어. 불이며 악마며 형벌을 분명히 믿고 있었던 거야. 그러다가 그러한 믿음들이 차츰 변화해 갔지. 오늘날 기독교인들은 지옥의 존재를 진심으로 믿진 않는단다. 다만 그들은 보상받을 수 있는 공간을 바라는 거지.

 지옥과 천국 말고 죽은 이들을 위한 공간은 없나요?

그것 또한 종교에 따라 다르단다. 구원을 믿는 이들에겐 보상과 형벌의 장소가 있지. 하지만 구원을 믿지 않는 이들에게 그 공간은 분명 더 중립적이라고 할 수 있지. 그곳은 죽은 자들이 살아 있는 이들의 봉헌(바치는 물건)과 기도를 받는 공간이자 충고를 해주는 곳이란다.

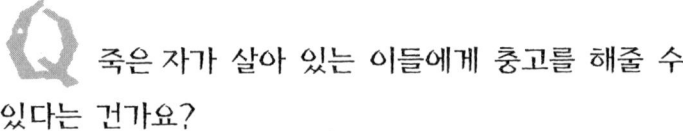 죽은 자가 살아 있는 이들에게 충고를 해줄 수 있다는 건가요?

돌아가신 부모님께서 필요한 순간에 자기들을 보호하거나 도움을 주러 온다고 믿는 사람들도 있지.

 그러니까 죽은 자들이 보호자나 현자 같은 거네요.

죽은 자들이 살아 있는 이들에게 종종 그러한 역할들을 한단다. 하지만 대부분의 사람들은 죽은 자가 되돌아오는 걸 두려워하지. 그들이 살아 있는 이들의 세계로 되돌아온다는 생각은, 우리를 기쁘게 하거나 위로하기보다는 두렵게 만든단다. 그래서 사람들은 그들로부터 벗어나 보호받기를 원하지. 핼러윈 축제 때 행하는 일들이 바로 그런 거야. 어린이들이 유령이나 해골·흡혈귀 등으로 변장하고, 사람들이 죽은 자의 머리처럼 생긴 호박들을 부수는 걸 본 적이 있지?

 그럼요!

 켈트 민족의 전통에서 11월초라는 시기는 항상 죽음의 신의 축제와 연관되어 있지. 고대 유럽에서는 가을이 끝나고 겨울이 시작될 무렵이면 추위와 질병으로 수많은 이들이 죽어갔단다. 그래서 이 시기에 죽은 이들을 기리기로 한 거야. 죽은 이들이 원한에 차서 그들을 공격하러 올까봐 두려웠거든. 그래서 하나의 거래, 교환을 상상해 낸 거지. 죽은 이들에게 자기들을 괴롭히지 말고 가만히 내버려둘 것을 부탁하면서, 이런 평화에 대한 대가로 선물

을 하는 것이지······.

Q 하지만 그런 제안을 할 때, 살아 있는 사람은 죽은 이와 말을 할 수가 없는데 어떻게 해요!

그렇지, 하지만 그것은 진짜로 하는 게 아니란다. 죽은 이들이 진짜로 나타나지 않는 것처럼 살아 있는 사람들도 상징적으로 그것을 행하는 거야.

Q 가짜로 하는 거예요?

그래, 죽은 이들을 실제의 사람 모습처럼 보이도록 하려고 전통적으로 아이들에게 그 역할을 맡긴 거지. 그래서 핼러윈데이〔미국과 유럽에서 매년 10월 31일에 즐기는 풍습〕에 아이들이 죽은 사람이나 해골·유령·흡혈귀 등으로 변장을 하고, 살아 있는 성인들에게 사탕이며 과자를 달라고 하는 거란다. 그러면 성인들은 아이들이 귀찮게 굴지 않도록 사탕을 듬뿍 주는 거고. 마치 죽은 이들에게 어서 우리 곁을 떠나 달라고 말하는 것처럼 말이야.

성탄절은 또 다른 거래란다. 어른들이 아이들에게 선물을 가득 안겨 주는 것은, 동지가 지난 후 해가 점점 길어지기 시작하는 때에 생명을 축하하기 위한 거란다. 그때는 우리를 불안케 하는 겨울이 끝나는 시기야. 밤과 추위가 기승을 부리고, 빛이 줄어들고, 사람들은 병에 걸릴까 두려워하고, 몸이 약한 이들은 죽게 될까봐 두려워하는 그런 시기가 끝나는 때지……. 성탄절이 되면 우리는 그런 빛이 되돌아오는 것을 축하하는 거란다.

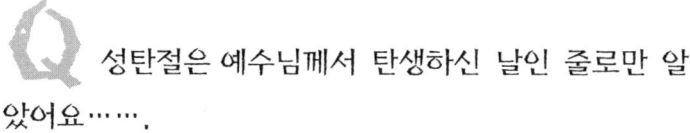 성탄절은 예수님께서 탄생하신 날인 줄로만 알았어요…….

기독교인들에게 있어서는 그렇단다. 하지만 축제란 다양한 전통을 지니고 있는 법이지……. 엄마가 핼러윈의 어원이 모든 성인들의 축일(la Toussaint: 프랑스의 가을 명절로 '투생'이라 부르며, 고인의 무덤에 꽃을 바친다) 전날(all hollow's eve)을 뜻한다고 이야기했었지. 기독교인들은 이러한 켈트 민족의 오래된 전통의 날짜를 바꾸었고, 그리하여 11월 1일(투생)에는 하나님과 모든 성인들을, 11월 2일(죽은 자들을 위한 날)에는 죽은 자들을 기리게 된

거란다. 핼러윈 때는 죽은 자들이 살아 있는 이들을 보러 오는 것에 반해, 11월 2일에는 살아 있는 이들이 죽은 자들의 영혼을 달래러 방문하는 거지.

성탄절에도 똑같은 일이 일어났다고 할 수 있단다. 기독교인들은 농경신 사투르누스를 기리는 축제나 겨울 축제 같은 로마 기원의 이교도적 축제를 12월 25일의 예수 그리스도 탄생일로 대체시켰지. 이렇게 아주 오래된 축제들의 의미를 이해하는 건 중요하단다. 다시 말하면, 서양인들은 겨울과 추위·기근을 몹시 두려워했던 거야. 그래서 아무런 수확도 거둘 수 없어 사람들이 굶주려 죽곤 하던 시기에 다양한 기념 행사로 죽은 자들의 영혼을 달랬던 거지. 그들의 환심을 사서 자기 편으로 포섭해 놓으려고 말이야……. 오랫동안 유럽에서 죽음의 신을 어떻게 나타내 왔는지 알고 있니?

 전혀 몰라요.

커다란 낫을 들고서 생명을 거두러 오는 여자로 나타냈단다. 우리가 풀을 벨 때처럼 생명을 베어 가는 거지……. 이런 이미지는 농부들이 많은 나라에서는 쉽게 이해할 수

있는 것들이야.

 그런데 왜 죽은 자들을 여자로 나타내는 거지요?

여자들이 생명을 주는 것처럼 죽음도 줄 거라는 의미에서가 아니었을까……. 하지만 항상 그렇게 표현했던 것은 아니란다……. 아마도 그것은 죽음이란 단어의 성(性)에 따랐던 것 같아. 프랑스어에서 죽음이란 단어는 여성 명사로 분류되고, 그래서 죽음은 여성에 의해 표현될 때가 많지. 독일어에서는 죽음이란 단어가 남성을 뜻하기에 낫을 든 남자(der Sensemann)로 일컬어지지. 우리가 해골이 낫을 들고 있는 것으로 죽음을 상징할 때는 그 해골의 성에 대해서는 잘 알 수가 없단다……. 수많은 나라들에서 해골로 죽음을 나타내 왔지. 그것은 죽음을 나타내는 전형적인 방법이야. 뼈밖에 남지 않았다는 것은 오랜 세월이 흘렀고, 죽은 지 이미 오래되었음을 의미하는 거란다. 살이 부패하는 시체를 생각하는 것보다 덜 끔찍하기 때문이지…….

멕시코에서는 11월 2일에 죽음의 신을 위한 성대한 축제가 열린단다. 전국 방방곡곡에 설탕이나 종이·석고로 만든 해골이 가득 차고, 사람들은 그것을 사서 집을 장식한단다. 그날은 슬픈 날이 아니야. 죽은 자들을 기리면서 그들 자신 또한 즐기는 거지. 유럽에서처럼 조용히 추모하거나 기도를 하고 꽃을 두기 위해서 무덤에 가는 것이 아니라, 노래를 부르고 피크닉을 즐기고 무덤을 장식하러 가는 거란다. 가족들이 흙으로 그 무덤 위에 조각을 하기도 하지. 죽은 자를 떠올리게 하는 모자나 자동차, 그가 지니고 있던 보석들을 새겨넣기도 해. 그러다 밤이 되면 이제는 세상에 없는 죽은 자들과 함께 시간을 보낸 걸 만족스러워하면서 집으로 돌아오는 거지.

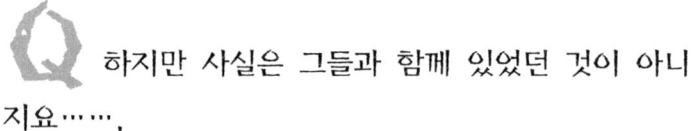 하지만 사실은 그들과 함께 있었던 것이 아니지요……

비록 죽은 자들은 그 자리에 없지만, 하루 종일 그들을 생각하고 상징적으로나마 식사를 함께하는 것은 마치 그날 하루를 그들과 보낸 듯한 느낌을 갖게 하는 거지……. 엄마도 그런 느낌이 차오르던 때가 있었어.

 죽은 자들과 하루를 함께 보낸 듯한 느낌요?

그래. 만약 네가 죽은 이를 생각나게 만드는 일을 하거나, 누군가 네게 그의 이야기를 오랫동안 한다고 치자. 그럴 때는 마치 죽은 이가 너와 함께 있는 듯한 느낌을 불러일으키지. 이미 저세상으로 간 많은 이들이 그런 식으로 엄마 곁에 살고 있단다. 그리고 그렇게 생각하는 사람이 엄마 혼자만은 아닐 거야. 사람들이 그것에 대해 이야기하지 않을 뿐이지…….

저는 그런 식으로 하지 않을래요! 그건 너무나 슬퍼요. 증조할머니에 대해서도 생각지 않을 거예요. 그분을 생각할 때마다 너무 슬픈걸요.

그건 또 다른 방법이지. 대부분의 사람들처럼 죽은 자들과 죽음에 대해 생각지 않으려고 노력할 수는 있단다. 그들도 너처럼 죽음이 유쾌한 주제가 아니라 여기고, 친척들의 죽음과 자신의 죽음을 생각만 해도 견딜 수 없는 것으로 느끼는 거지.

 엄마는 그렇지 않나요?

엄마도 물론 그래……. 사랑하는 사람의 죽음을 생각한다는 것은 정말 견딜 수 없는 일이지. 하지만 주위 사람들의 죽음을 여러 차례 경험한 이후로 죽음을 자주 생각해 보게 되었단다. 죽은 이들에 대해 그랬던 것처럼 죽음에 대해서도 친숙하게 된 거지. 엄마는 죽은 이들을 완전히 잊어버리는 것보다는 그들에 대한 추억을 떠올리는 걸 더 좋아한단다.

 그럼 엄마는 그들이 어떻게 죽었는지를 이야기할 때에도 전혀 두렵지 않나요?

그래, 그 당시에 내가 가졌던 느낌을 떠올리는 건 두려운 게 사실이야. 하지만 그들이 어떻게 죽었는지를 비밀로 묻어두어선 안 된다고 생각한단다.

Q 그럼 말해 주세요…….

뭘 말이니?

 **외삼촌들은 어떻게 돌아가셨어요?**

너희 외삼촌들은 두 분 모두 젊었을 때 돌아가셨단다. 큰외삼촌은 24세 때 교통 사고로 돌아가셨고, 작은외삼촌은 35세 때 동맥류 파열(동맥의 일부분이 풍선과 같이 혹 모양으로 부풀어올라 동맥 내의 혈압을 견디지 못하고 파열되는 것)로 돌아가셨지. 그것은 정말 갑작스럽고 예기치 않은 일이었단다. 죽음이란 그렇듯 여러 가지 모습이란다. 준비할 수 있는 죽음이 사고로 인한 죽음보다 덜 고통스러운 것은 아니지만, 그 둘은 매우 다른 죽음이지.

저는 갑자기 죽는 편이 좋아요. 하지만 엄마는 천천히 돌아가셨으면 좋겠어요……

네가 무슨 말을 하고 싶은 것인지 알겠어. 사람들은 자신의 죽음을 알지 못한 채로 죽을 때 편안한 죽음을 맞았다고들 하니까. 사실 편안한 죽음이 있으리라고는 생각지 않지만, 죽는다는 것을 알지 못한 채 고통 없이 최후를 맞는다면 당사자들에게는 더없이 편안한 죽음이 되겠지. 하지만 남아 있는 이들에게는 무척이나 힘든 거란다. 왜냐하면 갑작스런 죽음을 이해할 만한 시간이 없을 뿐만 아니라, 죽은 이들에게 아쉬운 마음을 전하거나 작별 인사를 할 수가 없어 그동안 하지 못했던 말들, 물어보고 싶었던 것들이 미련으로 남을 테니까……. 죽은 이가 우리에게 얼마나 소중했고, 또 우리가 얼마나 사랑했는지 그가 알고 있었을까를 생각지 않을 수 없거든…….

Q 엄마, 기억하죠? 내가 아주 꼬마였을 때, 외증조할머니에게 "가브리엘 할머니, 전 할머니가 진짜진짜 좋아요!" 하고 말했던 것을.

그럼, 기억하지……. 할머니께서 그 말을 들었을 때 무척이나 기쁘셨을 거야. 갑작스레 죽음을 맞지 않고 천천히 그 생명이 꺼져 가는 이들에게는 작별 인사나 하고 싶었던 말들을 할 수가 있지. 죽어가는 이들도 우리에게 그럴 수가 있을 테고. 비록 죽음을 기다리는 일이 길고 고통스럽기는 하지만 말이다.

외삼촌들은 그런 말을 할 시간이 없었겠네요.

그래, 너희 외삼촌들은 너무 갑작스럽게 돌아가셨거든.

 외삼촌들을 다시 볼 수가 없어 안타깝지요?

함께 계속해서 살 수가 없었던 것이 안타깝지. 외삼촌들이 그립기는 하지만, 그래도 죽은 모습을 보지 않았던 걸 후회하진 않는단다.

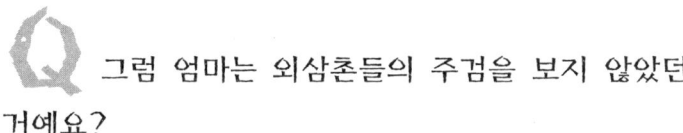 그럼 엄마는 외삼촌들의 주검을 보지 않았던 거예요?

그래, 엄마는 주위 사람들의 주검을 보지 않으려고 항상 애써 왔단다. 너희 외삼촌들의 주검도 보고 싶지가 않았어. 그 마지막 이미지만을 간직하게 될까봐 두려웠거든. 엄마는 그분들이 살아 있었을 때의 이미지만을 간직하고 싶었단다.

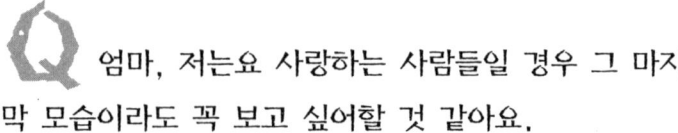 엄마, 저는요 사랑하는 사람들일 경우 그 마지막 모습이라도 꼭 보고 싶어할 것 같아요.

그건 상황에 따라 다른 거란다. 예전에 주위 사람들이 엄마의 친한 친구의 주검을 보러 가기를 권한 적이 있었지. 그 친구의 죽은 모습은 아름답고 평안해 보였다면서 말이야. 엄마는 친구의 그런 모습을 보러 가지 않겠다고 거절할 만한 용기가 없었어. 왜냐하면 그 마지막 모습이라도 보아야 그녀의 가족들이 기뻐할 것 같았거든. 그런데 거기서 그동안의 모습과는 완전히 다른 친구의 모습을 보게 된 거란다. 친구의 머리는 평소와 아주 다른 방식으로 빗겨져 있었어. 피부는 납빛으로 변해 있었고, 평소 때의 미소도 온데간데 없었지. 그건 평소 때 보던 친구의 모습이 아니었단다. 죽은 후의 모습은 살아 있을 때의 모습과는 완전히 다른 것이더구나. 그래서 엄마는 그 주검을 볼 필요가 없다고 생각하는 거란다. 그 사람이 정말로 죽었는지를 확인해야 할 필요가 있을 때가 아니라면 말야.

 외삼촌들은 어떤 선택도 할 수가 없었다는 생각

이 들어요.

무슨 뜻이지?

Q 그분들은 자신들이 어디서 죽을지, 어떻게 죽게 될지 아무것도 선택할 수 없었잖아요……,

죽음에 대해서 우리가 선택할 수 있는 것이란 아무것도 없단다.

Q 하지만 어쨌든 자동차 경주에 참가하는 레이서들이나 등산가들처럼 위험한 일을 하는 사람들은 자기가 생명을 잃을지도 모른다는 걸 알고 있잖아요……, 담배를 많이 피우는 사람들도요……,

네 말이 맞아. 하지만 위험과 죽음의 문제는 정말이지 복잡한 거란다. 우리는 모든 것에 대하여 책임이 있진 않아. 예측할 수 없는 일들이 종종 일어나니까 말이야. 사고라는 단어는 예견할 수 없이 우발적으로 일어나는 일을 뜻하는 거란다.

 그게 무슨 뜻이에요?

 우연히 일어난다는 뜻이지. 사고란 우연스레 일어나는 걸 말해. 하지만 모든 일이 우연스럽게 일어난다고 믿는 것은 어렵기 때문에 의도라든지 의지를 가져오는 거지. 사람들은 어떤 이유가 있거나, 그럴듯한 설명을 할 수 있을 거라고 생각하지. 누구나 그렇게 생각해. 엄마는 너희 외할머니께서 말을 타다 사고를 당해 돌아가셨을 때 무척이나 원망을 했단다. '어머니는 사고를 당한 거야. 그러니까 다른 이유를 생각해선 안 돼. 사고였으니까' 하는 식으로 생각할 수가 없었지. 그저 할머니께서 위험스레 승마를 했던 것에 화가 났던 거야. 우리를 생각지 않고 신중하게 행동하지 않았던 거라고, 그래서 결국 우리가 그분을 볼 수 없게 된 거라고 생각했거든.

 왜 원망하였어요? 할머니께서는 삶을 사랑한 분이셨다고 예전에 그랬잖아요. 그날 그렇게 돌아가실

줄 알았다면, 할머니는 말에 오르지 않으셨을 거예요.

 글쎄…… 산다는 건 위험을 감수하는 일이지. 그 죽음의 순간을 전혀 알 수가 없기 때문에 위험하지만 즐거운 일들을 하면서 살 수가 있는 거란다. 신중해야 할 부분과 그러지 않아도 될 부분을 확실히 아는 것처럼 힘든 것도 없어. 우리는 이 두 가지 사이에서 항상 조율을 하며 사는 거야. 우리를 위협하는 위험들을 따져서 그러한 위험들에 대비하기도 하고, 또는 죽음이란 있을 수 없는 일이라고 생각하며 그 죽음에 맞서기도 하면서 말이지. 어떤 이들은 운명을 믿고서, 일어날 일은 무엇을 하든 일어나게 될 거라고 확신하는 식으로 문제를 대하기도 한단다.

Q 운명을 믿는다는 것은, 무슨 일이든 우리가 결정하지도 않은 일들이 일어난다는 걸 믿는 건가요? 엄마도 그걸 믿나요?

 아니, 엄마는 어떤 위험들에 대해서는 예견할 수도, 그리고 조심할 수도 있다고 생각한단다. 하지만 모든 것을 다 예견해서 피할 순 없는 거야. 예를 들어 차를 타고 갈 때 아무리 조심을 기울인다고 해도 우리 차로 달려드는 음주 운전자를 피할 순 없는 거잖니.

Q 사고에 대해서라면 엄마의 말이 충분히 이해가 돼요. 우리는 죽음을 선택할 수가 없지요. 하지만 엄마가 담배를 너무 많이 피운다거나 술을 너무 많이 마신다면, 그것은 빠른 죽음을 선택하는 게 아닐까요?

그것이 바로 위험 부담이라는 거야. 하지만 그런 이야기들로 담배를 피우는 이들이나 술을 마시는 이들에게 그것을 금할 순 없는 거란다. 엄마의 친구 중에는 폐암에 걸릴 확률을 생각하다 보면 평소보다 담배를 두 배나 많이 피우는 경우들도 있거든. 단지 그 수치 때문에 스트레스를 받아서 말이야!

 바보 같아요!

건강에 나쁜 영향을 미친다고 해서 모든 걸 금지시킬 수는 없단다. 무엇을 마시고 무엇을 먹을지, 어떻게 살아

가야 할지를 결정하는 것은 결국 자기 자신이니까. 우리는 사람들에게 정보를 제공해 줄 수는 있지만, 그들을 위해 대신 선택해 줄 수는 없단다. 죽음에 대해서는 선택할 수 있는 게 없지만, 적어도 삶을 살아가는 방식은 선택할 수 있는 거니까…….

 죽음에 대해서보다 삶에 대해서 우리가 보다 더 자유롭다는 뜻인가요?

 확실히 그렇다고는 말할 수 없구나……. 죽음에 관한 일처럼 인생을 살아가는 데 있어서도 우리의 예상을 빗나가는 일들이 가득하니까 말이다. 너에게 죽음의 방식에 대하여 말했었지. 이번엔 우리가 죽음을 맞이하는 장소에 대하여 생각해 볼까. 오늘날은 대부분의 사람들이 병원에서 임종을 하지. 사고로든 질병으로든 간에 프랑스에서는 70퍼센트 가량이 의료 시설에서 숨을 거둔단다. 이런 현상은 아주 새로운 거야. 불과 1백 년 전까지만 해도 사람들은 자기 집에서 임종을 하였거든. 그때는 사고를 당했다 하더라도 병원에서 치료를 한 연후 죽음에 이를라치면 집으로 돌려보냈단다. 하지만 지금은 상황이 크게 달라졌

어. 임종을 하기 위해 집으로 돌아가는 일이 없는걸. 심지어 가족이나 가까운 친척들마저도 병에 걸린 이들을 집 밖으로 내보내거나, 또한 그들을 맡기를 두려워하지.

 그게 정상인가요?

 이해는 할 수 있겠지만 정상적인 처사는 아니지. 죽어가는 가족을 돌보지 않고, 의사며 간호사·간병인들에게 떠넘긴다는 건. 물론 밖에서야 대단히 훌륭한 분들이시지. 하지만 죽음은 그런 전문가들의 일만은 아니란다. 그것은 가족들의 일이고, 또한 애정이나 사랑으로 받아들여야 할 일들이지…….

 하지만 저라면 그런 곳에 있고 싶지 않아요. 그건 너무 무서울 것만 같아요…….

 물론 두려운 일이지. 하지만 안심하렴. 죽은 이들 곁에 너 같은 어린아이를 놔두진 않을 테니까. 사람들은 어린아이들로 하여금 죽음의 광경을 보지 못하도록 보호한단

다. 어른들만이 죽은 이들을 보러 갈 수 있는 거야. 그리고 또 아주 극소수의 사람들만이……. 그런데 말야, 죽어 가는 이들과 함께한다는 것은 매우 의미 있는 일이란다. 그들을 위해 그곳에 함께 있어 주고, 또 그들이 원하는 것들에 대하여 이야기해 주고, 그리고 어떤 때는 그저 조용히 손을 내미는 그런 것들이 아주 중요하지. 엄마는 두려울 때면 나를 안심시켜 주는 이와 함께 있길 원한단다. 너를 낳을 때, 아빠에게 잠시도 내 곁을 떠나지 말아 달라고 부탁했었단다. 두려웠거든……. 엄마는 아마 죽음의 순간에도 아빠가 그 자리를 지켜 주길 원할 거야. 엄마의 손을 꼭 잡아 줄 것도…….

 **엄마, 좀 낭만적인 것 아니에요?**

겁쟁이라고 하는 게 옳을 거야! 하지만 모든 사람들이 다 엄마 같지는 않단다. 어떤 이들은 자기의 상태가 좋지 않거나 두려움을 느낄 때면 혼자 있고 싶어하지. 너희 할아버지께서는 병의 징후가 나타나자마자 혼자 조용히 있도록 내버려둬 달라고 부탁하셨단다. 심지어 "나는 혼자서 조용히 죽고 싶다!"고 말씀하시기까지 했지. 그분은 그

렇게 혼자만의 고독을 원하셨던 거야. 하지만 그 자신이 원해서 겪는 외로움과 어쩔 수 없이 받아들여야만 하는 외로움은 아주 다른 거란다. 너희 할아버지처럼 혼자 있기를 원하신 것이라면 괜찮아. 그렇지만 고독을 원해서가 아니라, 병원에 있기에 아무도 찾아오지 않아서 홀로 있는 경우라면 그건 같은 게 아니란다. 그것이 바로 사람들이 죽음을 두려워하는 진짜 이유인 거지. 누구라도 그 죽음에 이르렀을 때 홀로 있기를 원치 않는단다. 그런데 두려움이라는 감정은 그런 식으로 죽어가는 이들을 고립시키는 거지……. 죽음을 앞둔 이들은 그렇게 죽어가기에 말할 수 없는 슬픔을 느낄 뿐만 아니라, 다른 이들이 죽음을 두려워하여 그들을 돌보지 않기에 더욱 버림받은 듯한 느낌을 떨쳐 버릴 수가 없게 되는 거란다.

 **그럼 그렇게 되지 않으려면 어떻게 해야 하나요?**

우선은 병원이 죽어가는 이들이 머물기에 가장 적절한 곳인가를 곰곰이 생각해 봐야겠지. 70퍼센트 정도는 그렇다고 하더구나.

Q 하지만 사실 우린 병원에서 혼자 있는 게 아니잖아요. 간호사들이며 의사들도 있고, 또 우리를 돌봐주는 사람들도 있고······.

그렇긴 해. 그렇더라도 환경적인 면에서 조금은 특별한 곳이라고 할 수 있지. 치료를 위한 곳인 만큼 분위기도 약간 차갑고 말야. 많은 이들이 그 죽음에 이를라치면 집으로 돌아가기를 원한단다. 그밖에도 프랑스에는 자택 요양이라 일컫는 것들이 있지. 의사들과 간호사들, 그리고 심리상담가들이 환자를 진료하러 집으로 찾아오는 거야. 엄마의 생각엔 노인들이라고 해서 특별히 대하는 것도 아니고, 그저 환자에 지나지 않을 뿐인 병원으로 보내기보다는 도움받을 수 있는 시설을 갖추어 집 안에서 그분들을 모시는 것이 더 낫지 않을까 싶단다. 물론 이것은 병원을 비판하려는 이야긴 아니야.

Q 엄마는 사람들이 집에서 임종을 하는 게 더 좋다고 생각하세요?

죽음을 맞이하는 당사자들이 원하는 장소였으면 좋겠구나. 그것에 대해서 아무런 부담 없이 함께 생각을 나눌 수 있다면 말야. 보살펴 줄 이도 없는데다가 크나큰 고통을 겪고 있는 사람이라면 집에서 죽음을 맞이하는 일이 불가능할 테지. 그럴 경우엔 병원에 있는 편이 한결 낫겠고. 하지만 관심을 기울여 주는 가족이 있고, 의료적 도움을 받을 수 있는 상황이라면 자신의 집에서 죽음을 맞이하는 편이 낫지 않을까. 자신에게 익숙한 물건들, 사랑하는 이들의 사진, 그리고 가까운 이들에게 둘러싸여서 말이지……

 저는 친구들을 초대할 거예요…….

죽음을 맞이하는 순간이 파티와 같을 순 없단다. 하지만 네 마음을 알 듯하구나! 우리가 사랑하는 이들을 돌볼 수 있고, 그들에게 사랑한다고 말해 줄 수 있다는 것은 정말이지 값진 일이란다. 너희 외할아버지께서는 외할머니가 돌아오실 때까지 임종치 못하고 기다리셨지. 그러다 꽃을 사러 시장에 나가셨던 외할머니가 돌아오시자 "작별 인사를 하려고 당신을 기다렸소"라고 말씀하셨어. 그

리고는 외할머니께서 그 곁에 누우시자 이내 숨을 거두셨단다.

 그렇게나 급히요?

그래, 하지만 그건 오랜 임종의 고통이 끝나는 순간이었던 거야.

 "사랑한다"는 말씀도 못하셨나요?

아마 그 말씀을 하려고 하셨을 거야. 이제 알겠니? 집에는 꽃이 있고, 죽음과 삶 사이를 오가는 것들, 그런 움직임, 일상, 그리고 사랑하는 개나 고양이들이 있지. 그건 병원의 입원실과는 다른 거란다.

 그 둘을 합하면 좋을 것 같아요. 병원에 있으면서 아프지 않게 치료도 받고, 보살핌도 잘 받는 거요. 슬프거나 외롭다는 생각이 들지 않게 많이 찾아가

주고, 낯선 느낌이 들지 않도록 병실을 집처럼 꾸며 주기도 하고요.

 정말 좋은 생각이긴 한데, 그건 이미 다른 사람이 생각해 낸 거란다. 바로 시실리 손더즈라는 여의사이지. 그녀는 런던에 있는 성 크리스토퍼 호스피스에서 일하였는데, 그 병원은 불치병 환자들만을 위한 곳이란다.

 불치병 환자들이라니, 무슨 뜻이에요?

 치료할 수 없는 병을 앓고 있는 이들을 가리키는 거지.

 그렇다면 빨리 죽게 되는 건가요?

 죽게 될 테지만, 항상 빨리 죽게 되는 것은 아니야. 천천히 죽어갈 수도 있어. 지독한 고통을 겪으면서 말이지. 고통이 극심할수록 그 시간 또한 길게 느껴지는 거란다. 시실리 손더즈는 바로 그런 문제와 싸웠던 거야. 그녀는 끝나지 않을 고통을 겪어야만 하는 환자들의 짐을 조금이

나마 덜어 주고 싶었던 거지.

 **그들의 죽음을 도왔나요?**

그래, 고통 없이 죽을 수 있도록 말이야. 손더즈는 환자들에게 통증을 덜어 주는 약을 정기적으로 처방하는 치료를 하였단다. 환자라는 단어가 어원상 고통받는 사람, 참고 기다려야 하는 수동적인 사람을 뜻하고 있긴 하지만 말이야. 진통제라고 하는 일련의 약들을 모르핀과 함께 다량 처방하면 환자는 고통을 겪지 않게 되지. 이렇게 고통이 줄어들면서, 그들은 그동안 아파서 할 수 없었던 일들을 할 수 있게 되는 거야. 가까운 이들과 이야기도 나누고, 또 그들의 집에 가기도 하는 그러한 일들 말이다. 시실리 손더즈는 이러한 치료를 하는 데서 그치지 않았단다. 죽어 가는 이들을 돌보거나, 그들과 이야기를 나눌 수 있도록 (죽음에 관한 이야기조차도 할 수 있는) 신부들이며 자원봉사자들 및 단체들에게 병원을 개방했어. 건강한 몸으로 회복시킬 순 없지만 고통을 경감시킬 순 있는 이들을 위해 특별한 장소를 생각해 낸 거지. 그 이후로 그러한 시도가 발전되어 갔단다. 프랑스에서는 1984년에 이르러서야

이같은 기관이 처음으로 생겨났어. 그러니까 치유가 불가능한 이들의 고통을 일시적으로나마 덜어 주는 임시방편의 치료 시설인 셈이야.

 엄마도 필요하다면 호스피스에 갈 건가요?

병으로 죽게 된다면 분명히 그렇게 할 거야. 가족의 경우에도 그러길 바라고. 엄마는 이러한 의료 기관의 발달을 위해 적극적인 노력을 기울여야 한다고 생각한단다. 왜냐하면 우리는 반드시 죽게 되어 있으니, 가장 좋은 환경에서 가장 고통스럽지 않게 죽을 수 있다면 그편이 보다 낫기 때문이지! 인간이 편안히 죽음을 맞을 수 있도록 하지 않는다면, 죽음에 대하여 깊이 생각해 보는 것 또한 소용없는 거란다. 너에게 또 한 여성에 대한 이야기를 들려주고 싶구나. 그녀 역시 죽어가는 이들이 죽음을 보다 잘 받아들일 수 있도록 많은 일들을 하였거든.

 이번에도 영국인이에요?

아니, 스위스에서 태어나 생애의 대부분을 미국에서 보냈던 여성이야. 엘리자베트 퀴블러 로스라는 이름의 정신과 의사지. 1965년부터 그녀는 암 환자들과 더불어 어떤 작업을 하였단다. 그러니까 암 환자들을 대상으로 인터뷰를 하고, 그들의 이야기와 고통이며 희망·절망을 알리는 일들을 하였지. 그것은 환자들이 기대하는 바를 더 잘 이해하여 보다 효율적으로 도울 수 있도록 하기 위해서였단다. 그리고 그러한 경험을 바탕으로 그녀는 중병을 앓는 이들이 죽음 직전에 어떠한 단계를 거치는지를 저술하였어. 먼저 병을 받아들이지 않으려 거부를 하고, 그 다음으로 분노를 느끼다가, 차츰 그러한 상황들과 타협을 하지만 절망스러워 우울해하고, 마지막으로 죽음을 받아들이는 수용까지 다섯 단계로 분류하였단다.

Q 거부와 분노와 절망은 이해할 수 있겠는데, 수용을 한다구요? 엄마는 죽음을 앞둔 이들이 진정으로 자신의 죽음을 받아들일 거라고 생각하세요?

 확실히 그러리라고는 말할 수 없구나. 심각한 병으로 죽게 된다는 사실에 분노를 느낄 것 같은데……, 그러한 고통이 진정되고, 또 평안함을 얻게 되는지는 확실히 알 수가 없겠는걸……

Q 엄마도 모르는 건가요? 하지만 누구라도 그 자신의 죽음을 상상하기란 정말이지 힘든 일일 것 같아요. 그리고 엄마, 지금까지는 어디서 어떻게 죽는가 하는 것에 대하여만 이야기해 왔는데, 사람들이 가장 많이 죽어가는 원인에는 어떠한 것들이 있는지 이야기해 주었으면 해요.

내전이나 폭동·전쟁 등이 일어나면, 사람들은 전투중이나 혹은 폭발로 인해 죽음을 맞게 되지. 또 기아나 보살핌을 받지 못하여 죽기도 하고. 우리 나라처럼 평화롭다고 할 수 있는 나라들의 경우엔 그보다는 병으로 죽는 일이 한층 더 많단다.

Q 특히 암으로요?

35세에서 75세 사이의 성인들의 경우엔 그렇다고 할 수 있겠구나. 엄마가 이렇게 말하는 것은, 그 수치에 대하여 논할 때는 지리나 역사에서처럼 연령대와 성별, 살고 있는 시기 등을 분명하게 구별해야 하기 때문이란다. 왜 그러는지는 곧 알게 될 거야.

Q 이미 알고 있는걸요. 사람들은 일반적으로 나이가 들어서 죽지요. 아기나 어린아이들이 죽는 일들은 드물잖아요.

잘 알고 있구나. 오늘날 유럽에서는 젊은이들이 나이 든 이들에 비해 사망에 이를 가능성이 보다 낮단다. 옛날에 견주면 정말로 많이 낮아졌어. 역사적으로 보면, 그 점에 있어서 그야말로 크나큰 변화가 일어난 거지. 예전에는 연약한 아기들이나 어린아이들의 사망률이 가장 높았거든. 그런데 지금은 그렇지가 않아. 유아 사망률이 아주 크게 줄어들었단다. 여전히 젊은이들이 죽음에 이르는 일이 있긴 하지만 이유는 아주 다른 것이란다. 최근에는 자동차며 오토바이 사고로 사망하는 젊은이들이 부쩍 많아졌거든.

자동차나 오토바이 사고는 상대적으로 운전이 능숙치 못한 젊은이들에게서 많이 일어나지. 반면에, 1920년대에는 20세에서 25세의 많은 젊은이들이 병마에 시달리다가 죽어갔단다. 특히 결핵으로 말이야. 자동차 사고가 아니었어. 그런데 오늘날은 젊은이들의 40퍼센트가 자동차 사고로 목숨을 잃는다는구나.

 정말 높은 비율이네요!

놀란 만한 수치지. 그렇기에 젊은 운전자들에게 조심조심히 운전하라고 당부하고픈 거란다. 하지만 그들은 고속으로 질주하길 원하고, 거기서 쾌감을 맛보려 들지……. 이러한 이야기들은 선진국이나 부유한 나라들에서 지금 실제로 나타나고 있는 현상이야. 가난한 나라들에서는 그 연령대에 그러한 사고로 죽는 경우가 드물지. 대신 유아 사망률이 매우 높단다. 예를 들면 이질이나 홍역 등으로 많은 아이들이 목숨을 잃는 거지. 이러한 일들은 유럽에선 좀처럼 일어나지 않지만, 세계 각국이 자기 나라의 어린이들에게 일률적으로 예방 접종을 시행하는 게 아니거든. 그리하여 지구상에는 아직도 파상풍이나 홍역으로 죽어가는 아이들이 있단다. 하지만 우리 나라의 경우는 백신 투여가 아주 확실히 실시되고 있지. 그러니까 각 나라마

다 그 사회 보장 제도에 따라서 극심한 불평등을 겪고 있는 거란다.

Q 엄마의 말은, 그러므로 세계 각국의 사람들이 똑같은 원인으로 죽음에 이르는 건 아니라는 거지요?

바로 그거야. 선진국에서는 심장혈관계 질병이 첫째가는 사망 원인이 되고 있지. 또 65세 이하의 가장 큰 사망 원인은 암으로 알려져 있단다. 개발도상국의 경우는 말라리아와 결핵, 영양실조나 결핍 등이 죽음을 불러 오지. 따라서 비교 자체가 쉽지가 않아, 알아듣겠니?

Q 어떤 이들은 너무 많이 먹어서 건강이 나빠지는가 하면, 또 다른 어떤 이들은 충분히 먹지를 못해서 건강이 나빠지는 거란 말이죠!

그래, 게다가 새로운 질병들도 생겨나고 있고…….

 에이즈 말이지요······.

 그렇지······. 에이즈에 대해서는 학교나 텔레비전 등을 통해서 들은 적이 있을 거야. 80년대부터 확산되기 시작했지. 전 세계적으로 2천만 명이 감염되어 사망하였고, 주로 아프리카처럼 치료 수단을 갖추지 못한 지역들에서 급속히 확산되고 있단다. 부유한 나라의 국민들은 에이즈의 발병을 늦추는 약품들을 구입할 수가 있지만, 가난한 나라들에서는 그나마 생명을 유지해 주는 삼중투약법〔에이즈 치료제 서너 가지를 혼합해 사용하는 항에이즈 치료법. 칵테일 요법이라는 별칭으로 잘 알려져 있다〕조차 실시되지 못하고 있는 형편이란다. 그런데 사실 세계적인 견지에서 보자면, 우리들이 종종 언급하곤 하는 에이즈보다 조금 전에 이야기한 바 있는 말라리아로 인한 사망자 수가 훨씬 더 많거든. 그럼에도 불구하고 너 또한 에이즈에 대해서는 어느 정도 들어 알고 있지만, 말라리아에 대해서는 어쩌면 들어 본 적이 없을 거라는 생각이 드는구나.

 정말 그래요!

죽음과 관련하여 우리들이 늘 정확한 관점을 가지고 있는 것은 아니란다. 정보도 부족할 뿐더러 우리가 알고 있는 것들이나 가장 두려워하는 것을 근거로 주장을 하거든. 그것이 가장 중요한 것이 아닌데도 말이다. 사람들은 확실하게 죽음이 연상되는 몇 가지 병에 대해서만 두려움을 품는단다. 오랫동안 유럽에서는 나병이 그러한 병이었지. 그 다음은 페스트, 그리고 콜레라가 그러했어. 오늘날 죽음에 대한 두려움은 주로 암에 집중되어 있지. 하지만 그것은 어떤 질병이 더 무서운 것이어서도 아니고, 그것이 반드시 죽음을 불러 온다고 사람들이 말하기 때문도 아니란다. 예를 들어 보자꾸나. 성인 남성의 사망 원인 중 더 큰 비중을 차지하는 게 에이즈와 알코올중독 가운데 어떤 것일 성싶니?

 에이즈요.

그렇지 않아. 프랑스에서 매년 1.5퍼센트에 달하는 남성들이 에이즈로 사망하는 반면, 알코올중독으로 사망한 예는 무려 3퍼센트에 달한단다. 연간 4만 5천 명이 알코올 때문에 생명을 잃는 셈이지. 그것은 파리의 한 구에 살고

있는 사람들의 수와 맞먹는 거란다. 그런데도 우리는 그러한 이야기들을 거의 하고 있지 않잖아.

 왜 그렇죠?

그것은 특히나 경제적인 측면에서 연유한단다. 술을 생산하는 이들은 그것이 건강에 악영향을 미친다는 사실이 공공연히 알려지는 걸 원치 않거든. 그리고 문화적인 이유도 있어. 우리 나라의 경우 포도주와 술은 전통과 관습의 일부라고 할 수 있단다. 카페에서, 또는 식사를 할 때 함께 술을 마시면서 소중한 인생들을 유쾌히 음미하는 거지. 그러니까 술을 죽음과 연관시키는 것은, 안락과 여유로운 삶을 즐기는 우리네 전통과 어긋난다고 할 수 있어. 우리는 포도주를 즐기는 것을 죽음에 이르는 길이 아닌 인생을 음미할 줄 아는 멋으로 여기니까 말이야······.

 하지만 누구나가 술을 마시면 위험이 따른다는 것쯤 알고 있지 않나요, 이를테면 운전할 때라든가,

그렇더라도 인간은 자유로이 선택할 권리가 있단다. 아까 엄마가 말했던 것처럼 말이야. 그런데 이러한 선택의 가능성들이 무한한 것은 아니란다. 왜냐하면 우리는 부유한 나라에서 태어날 것인지 가난한 나라에서 태어날 것인지, 또는 의료 보장 제도가 잘 갖추어진 나라에서 태어날 것인지 아닌지에 대해서 선택할 수가 없으니까.

Q 그러니까 우리가 어느 나라에서 태어날 것인지, 어떠한 방식으로 죽을 것인지 따위를 선택할 수 없다는 얘긴가요? 그러면 적어도 장례 절차는 선택할 수가 있나요?

무슨 뜻이지? 어떤 음악을 들려 달라든가, 또 어떤 이야기들을 전하고, 어떤 방식으로 묻혔으면 한다든가 따위를 말하는 거니?

Q 그래요, 엄마. 저라면 친구들이 있었으면 좋겠고, 장 자크 골드만(80년대초 프렌치 록 음악을 대중화시킨 프랑스의 인기 뮤지션)의 〈너처럼〉이란 노래를 들

려주었으면 해요. 그리고 이모할머니의 장례식 때처럼 뷔페식을 하고, 또 성대한 파티가 열렸으면 좋겠어요.

 그렇다면 네가 원하는 이런저런 것들을 글로 써서 가까운 이들에게 남기는 것이 좋겠는데. 내가 이렇게 말하는 건 너희 막내외삼촌이 돌아가셨을 때, 몇 개월이 지나서야 그의 책상에서 그러한 내용이 담긴 편지를 발견하였기 때문이란다. 거기엔 자신의 장례식 때 어떻게 해주었으면 한다는 당부의 말이 적혀 있었는데, 그 편지를 뒤늦게 발견한 우리들로서는 그의 부탁을 어떻게든 들어 줄 수가 없었지. 그 편지를 제때에 발견하였더라면 하는 안타까움으로 마음만 아팠단다. 결국 외삼촌의 바람대로가 아니라 우리의 생각대로 장례를 치렀으니 말이야.

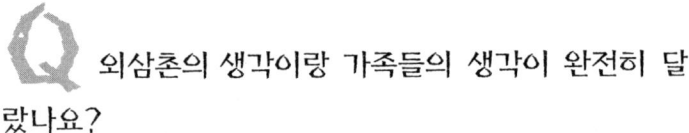 외삼촌의 생각이랑 가족들의 생각이 완전히 달랐나요?

 완전히 달랐던 건 아니지만, 그래도 외삼촌이 바랐던 것들 가운데 우리가 알지 못한 부분들이 있었던 거지. 보통 죽은 뒤에 일어나는 일들의 경우 결정자는 그 자신이 아

니라 그의 가족들이니까. 그러므로 장례 절차 또한 죽은 이의 바람과는 다르게 진행될 수도 있는 거잖아.

 **그건 옳은 일이 아니잖아요!**

그렇지. 하지만 세상을 떠난 고인이 자신의 생각을 말할 수가 없기에 남은 가족들이 의례에 따라 진행하게 되는 거란다. 게다가 누군가가 죽음에 이르는 순간은 모두에게 너무나 고통스럽고 힘든 시기라서 대부분 종교나 관습의 도움을 필요로 하지. 종교가 없는 이들은 그럴 일도 없을 터이지만 말이야.

 **저는 묘지에 찾아갈 때면 꽃이나 조약돌을 놓고 와요. 그리고 그날 무얼 발견하느냐에 따라 그 무덤에 두고 오는 물건이 달라지기도 해요. 아무튼 고인을 기리기 위해 그곳을 찾고, 또 잊지 않고 마음속에 담고 있음을 보여주는 게 중요한 것 아닌가요.**

가톨릭에서는 관 위에 꽃을 던지고, 유대교에서는 무덤

위에 작은 조약돌들을 올려두는 관습이 있는데, 넌 그 두 가지를 다 하는 모양이로구나.

특별히 믿는 종교가 없는 사람들도 일종의 예식을 통해 죽은 이를 추념한단다. 말하자면 그들에게 경의를 표하는 거지. 이렇듯 죽은 이들을 매장하고, 그 무덤을 찾는 것은 네안데르탈인 때부터의 인류의 특징이랄 수 있을 거야.

 **동물들은 매장을 하지 않나요?**

그래, 인간만이 죽은 이들을 매장하는 거란다. 그들의 몸과 영혼을 보살피고, 그 죽음에 조의를 표하는 거지. 또 죽은 이를 묻기 전에는 그 몸을 깨끗이 씻기는데, 이처럼 시신을 단장하는 행위를 '염습'이라고 일컫는단다. 그리고 시신에게 새 옷을 갈아입히기도 하지.

 **죽은 이에게 새 옷을 갈아입힌다구요!**

그래, 대개의 경우 그렇게 한단다.

Q 그렇다면 죽음에 이르렀을 때 어떠한 옷을 입혀서 묻어 달라거나 할 수가 있겠네요?

그렇단다. 너희 친할아버지께서는 판사 시절에 입었던 법복을 원하셨지. 나는 임종할 때 빨간색 풀오버를 입혀 달라고 입버릇처럼 말해 왔단다. 그 옷은 무척이나 부드럽고 편안하거든!

아니면 가장 근사한 옷을 입을 수도 있겠지. 군인이었다면 군복을 입을 수도 있고 말이야. 또는 직장에서의 유니폼을 입거나 훈장 등을 달고서 묻힐 수도 있고.

Q 어느 나라에서나 죽은 이들에게 새 옷을 갈아입히나요?

아니, 어떤 문화권에서는 시신에 수의(壽衣)를 입히기도 한단다. 또 시신이 손상되지 않고 보존되기를 바라는 문화권도 있지.

 **이집트처럼요?**

오늘날은 고대 이집트에서처럼 방부제를 사용하지 않는단다. 당시에도 파라오나 왕족들의 시신에만 그러한 기술이 쓰였지. 대신 우리는 시신이 좀더 오래 본모습을 유지하도록 노력해 볼 수는 있단다. 그것을 일컬어 시체방부보존 기술이라고 하는데, 애도하기 위해 방문하는 이들에게 마치 살아 있는 듯한 모습을 보여 주기 위해 얼마간 고인의 육신을 보존하여 두는 기술이지. 하지만 이는 종교적인 기법은 아니란다. 시신을 보존하는 또 다른 기술이 있는데, 극단의 저온으로 냉각시켜 보존해 두는 냉동보존법이라는 거야. 부유한 이들의 경우, 죽은 후의 육신을 얼음 속에 보존해 두라고 요청하기도 한단다.

 **시베리아에서 발견된 매머드처럼요?**

그래, 그것처럼.

 그런데 그렇게 해서 무얼 하려는 거지요?

그 시신을 극단의 저온으로 냉각시켜 보존해 두면, 훗날 의료 기술이 발전하였을 때 되살아날 수 있을는지도 모른다는 기대 때문일 테지. 하지만 그건 터무니없는 생각이야. 죽은 이를 되살릴 순 없어.

그리고 이제는 매장보다 화장을 선택하는 이들이 점점 늘고 있단다.

 롤라의 할아버지처럼요?

그래, 그 장례식을 알고 있나 보네.

 너무 끔찍했어요. 몸을 불태운 후, 그것이 재가 될 때까지 기다리는 그 순간 말예요.

그 시간이 무척 길었던 모양이로구나. 하지만 사실은 길게 느껴졌을 뿐이란다. 게다가 화장은 매장에 비해 많은

이점들을 가지고 있지. 우선은 비용이 적게 들고, 유골 단지는 공간도 적게 차지하니 말이야. 그리고 이렇듯 몸과 영혼이 동시에 소멸된다는 생각, 그러니까 불로써 모든 걸 마감한다는 점을 더욱 마음에 들어하는 이들도 있단다. 이러한 관습은 가톨릭 전통이 약하게 남아 있는 북유럽 국가들에서 자주 행해지고 있지. 오늘날은 프랑스에서도 발전적으로 진행되고 있어. 가톨릭 교회에서 이러한 관습에 반대한 적이 있긴 하지만 지금은 다른 전통과 달리 허용하고 있단다.

엄마가 죽은 이들의 육신을 돌보는 방법에 대하여 알려 줬었지. 하지만 종교적 예식의 또 다른 목적은, 그들이 새로운 삶에 이를 수 있도록 영혼을 돌보아 주는 것이란다. 인도에서는 힌두교도의 몸을 불태울 때, 그러니까 그 화장 의식에 참석한 이들이 절대 울어서는 안 된단다. 떠나는 영혼을 괴롭히지 않기 위해서지. 그 순간이 영혼에 있어서 가장 중요한 순간이거든. 환생의 순간이니까. 가톨릭에서는 미사 때가 가장 중요한 순간이란다. 왜냐하면 신자들이 미사에 참예하여 하느님께서 그 죽은 이를 맞아 주시길 기도하기 때문이지.

 그렇더라도 인도의 화장은 우리 나라에서 행하는 매장과는 아주 다르잖아요…….

그렇지. 그 장례 예식과 절차는 종교나 관습에 따라 다른 형태를 띤단다. 그리고 똑같은 관습이라도 종교나 문화에 따라서 그 형식이 달라지기도 하지. 페르 라셰즈〔세계적인 예술가가 묻혀 있는 프랑스 파리의 유서 깊은 공동묘지〕에 있는 화장터의 화장과 바라나시의 화장은 거의 연관성이 없단다. 바라나시는 인도의 거대한 성지 가운데 하나로, 많은 힌두교도들이 그곳에서 죽음을 맞이하기를 소망하여 찾아들지. 또한 순례자들은 갠지스 강〔인도 북부를 동서로 가로질러 벵골 만으로 흐르는 강. 강 유역에 수많은 힌두교 성지들이 있다〕의 성스러운 물에 몸을 씻기 위해 그곳을 방문한단다. 거기까지 이어진 거대한 다리를 통해서 말이야. 그곳에 가면 커다란 화장용 장작 더미에서 시신을 불태우는 광경을 볼 수가 있지. 그렇게 바라나시에서 죽음을 맞이하면, 탄생과 죽음의 영원한 순환을 피해 바로 구원을 얻을 수 있다고들 한단다. 환생에 대해서 엄마가 말한 것들을 기억하니……. 그런 식으로 영혼들은 영원한 안식의 길에 접어들 수가 있는 거란다. 그리하여

이를 믿는 많은 노인들이 바라나시에서 그 생을 마치려고 모여드는 거지. 알다시피 의식이란 매우 다를 수 있는 거고, 그 기한에 있어서도 차이점이 있어. 예를 들어 이슬람교도는 죽은 이를 매우 빨리 묻어 줘야 해. 가능한 한 그가 죽은 당일에 말이지. 반면 가톨릭교나 유대교에서는 그럴 필요가 없어. 어쨌든 대부분의 경우 나라마다 지켜 내려오는 관습을 따랐단다. 프랑스에서는 사망 확인 후 24시간이 지나지 않으면 시신을 매장할 수가 없지. 그러니까 이슬람교도라도 프랑스에서는 죽은 바로 그날 매장할 수가 없는 거야. 또 경시청에 사정 이야기를 보고한 경우가 아니라면 사망 확인 후 6일을 넘겨서도 안 되지. 그러니 장례 날짜는 어느 정도 정해져 있다고 할 수 있어. 그리고 이러한 법적인 준수 사항들을 지키기만 한다면 나머지 예식은 다양하게 진행할 수가 있단다. 유대인들은 죽은 이에 대한 기억을 간직하기 위해 반복적으로 의식을 치르는데, 먼저 장례식날 밤샘을 하고, 고인이 사망한 한 주간은 매일같이, 그리고 매달 고인이 사망한 날짜에, 또 1주년이 되었을 때 의식을 치른단다. 가톨릭에서는 일반적으로 죽은 지 1년 후에 미사를 드리지. 그런 식으로 사람들이 죽은 이를 기억하기를 바라는 거란다.

장례식은 그러니까 많은 기능들이 있는 거야. 장례를 통해 죽은 이의 몸과 영혼에 동반할 수 있을 뿐만 아니라, 죽은 이의 가족과 친구들은 여러 가지 방식으로 자기의 고통을 표현할 수가 있지. 예를 들어 곡하는 이들에게 대신 울어 줄 것을 부탁하는 것 등을 통해서 말이야.

 **대신 울어 주는 이를 고용하다니, 농담인 거죠!**

사실이야. 수많은 문화권에서 그렇게 했었고, 지금도 그러한 관습의 도움을 받고 있단다. 장례를 성공적으로 치르자면 많은 사람들이 와야 하고, 또 거기에 참석한 이들의 슬픔을 상징적으로 표현해 주기 위해서 특히 곡하는 이들이 많아야 하거든. 하지만 울지 않고, 그 슬픔을 다른 식으로 표현할 수도 있어. 유대인들은 자기의 옷을 찢고, 남자들의 경우는 1주일간 면도를 하지 않는단다. 상복을 입기도 하는데, 보통은 검은색 옷을 입지. 일본이나 중국·레바논 같은 나라에서는 흰색 옷을 입기도 한단다. 또는 머리를 자른다거나 평소 때와 다르게 머리 모양을 할 수도 있어. 관례적으로 가까운 이의 죽음을 보여 주는 방법은 많단다. 그리고 시대에 따라서 다양한 관습이 발전하고 있지. 엄마가 어렸을 때는 어느 집에서 상을 당하였는

지 금세 알 수가 있었어. 장례식날이면 집의 문 위쪽에 검은색 덮개〔현관 위에 텐트처럼 생긴 것을 거는 것. 프랑스 상점에서 흔히 볼 수 있는 차양처럼 생겼다〕가 걸려 있었거든. 그 위에는 죽은 사람의 이니셜이 은색으로 씌어져 있고 말이야.

 그게 뭔가요?

그러니까 현관을 덮는 차양 같은 거란다. 아주 인상적이었어. 사람들 모두가 검은색 옷을 입고 있었고, 여자들은 발 아래까지 내려오는 베일을 두르고 있었단다. 그녀들은 두려움에 사로잡혀 있었지. 하지만 오늘날은 그렇지 않아. 장례식 때 검은색 옷이나 어두운 색 옷을 입기만 하면 된단다. 남자들은 때로 1개월 또는 1년간 검은색 넥타이를 매기도 하지. 그러나 장례식을 하든 그렇지 않든 간에 슬픔은 남는단다. 관습은 불행이나 절망에 대해 그 무엇도 바꾸지 못하니까. 관습은 다만 그 슬픔을 드러내고, 함께 나누는 것을 도와 줄 뿐이지.

장례식의 마지막 의미는, 구성원 가운데 한 사람을 잃은 공동체가 모여서 서로 결속되어 있음을 느끼도록 하는 거란다. 죽은 이에 대한 추억과 그와의 관계를 이야기하면서, 우리는 비로소 그가 죽은 후에야 우리가 잃어버린 것들을 깨닫곤 한단다. 이렇게 죽은 이의 유해 곁에 모여 그에 관한 추억과 그가 모두에게 가져다 주었던 것들을 이야기하는 것은, 그가 없이도 지속되는 삶에 대처하는 하나의 방법이 되지. 그에 대한 추억을 가지고 우리가 무엇을 할 수 있을지에 대해서 생각하는 거야. 또 그가 우리에게 가르쳐 주고 전해 준 것들을 우리가 어떤 식으로 감당할 것인지를 생각해 보는 기회이기도 하단다. 장례식이란 고인을 소중히 여기던 사람들의 모임이야. 그들은 고인을 잃은 상실감 속에서도 인생을 다시 시작하고자 하는 거지.

 **엄마는 장례식을 좋아하세요?**

아니, 우리들을 송두리째 흔들어 놓는 고통스러운 경험이기에 좋아할 수가 없단다. 그러나 장례식에 참석하게 되면 고인에게 조의를 표할 수가 있고, 또 그의 가까운 친척들과 죽은 이와의 추억에 대한 애정을 나눌 수가 있단다. 엄마 역시 사랑하는 이를 잃었을 때 많은 사람들이 조문을 와주어서, 그들에게 둘러싸여 따뜻한 위로를 받을 수

가 있었단다. 그러니 이번에는 엄마가 그들을 위해서 그렇게 하고 싶은 거야. 하지만 장례식, 그러니까 누군가가 죽고 난 직후에 일어나는 일들은 본질적으로 중요한 것이 아니란다. 엄마 생각에 중요한 것은 그 다음이야. 사람들이 장례식장을 떠난 후, 사랑하는 이 없이, 그의 따뜻함과 미소, 그의 전화를 받는 일 없이 다시금 삶을 시작해야 하는 그때 말이지……. 그때부터 우리는 완전히 다른 시간, 완전히 다른 인생을 사는 거란다.

 무슨 의미예요?

누군가가 세상을 떠난 직후에는 먼저 그러한 사실을 접하고서 충격을 받거나 격렬한 감정에 휩싸이게 되고, 형식상 해야 할 절차들과 예식들, 관례들이 이어진단다……. 그리고 뒤늦게야 우리가 그렇게도 그리워하던 그가 다시는 돌아오지 않을 거란 사실을 깨닫게 되는 거지. 그가 없다는 사실을 받아들여야 하고, 삶이 더 이상 예전과 같지 않다는 것을 천천히 깨닫게 되는 거야. 그러한 시기가 매우 길어질 수도 있는데, 그 기간을 심리학자들은 상중에 있다고 한단다.

 '상중'이란 또 무슨 뜻이에요?

상을 당한다는 것은, 우리가 가까운 이를 잃고 난 후의 상태를 말해. 그것은 전반적인 사회 관습을 이르는데, 이 기간중에는 특정한 옷을 입고, 또 보통 때라면 기꺼이 갔었을 파티나 회식에도 갈 수가 없거나 가기를 원치 않는단다. 그리고 상중이라는 단어는 영혼의 상태를 나타내기도 한단다.

그러니까 장례식이 끝나면 우리는 상중에 있는 거로군요.

실제로는 좀더 빨리 시작된단다. 어떤 이의 죽음이 알려지는 순간부터 상중인 거지. 게다가 이렇게 죽음을 접하게 되면 그에 따르는 충격으로 대부분은 그러한 사실을 믿으려 들지 않으려는 반응을 보인단다. 우리가 어떤 이의 죽음을 접하였을 때 사실로 믿기지가 않는다면, 그건 바로 그의 죽음뿐만이 아니라 죽음이란 것 자체가 감당하기 어렵고 이해가 안 되기 때문이야.

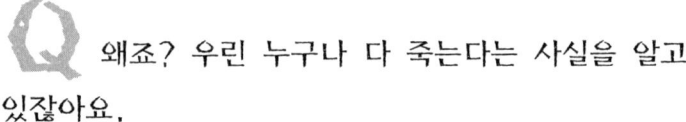 왜죠? 우린 누구나 다 죽는다는 사실을 알고 있잖아요.

 이론적으로야 다 알고 있지. 하지만 현실로 나타났을 경우 우리는 그것을 이해하고 받아들이기가 무척이나 어렵단다. 인간은 늘 자신은 죽지 않을 거라고 여기고 있기 때문이지. 또 다른 이유는 그렇게 죽음을 거부하고 믿지 않는 것이, 죽음이 주는 충격 앞에서 우리 자신을 방어할 수 있는 유일한 방법이기 때문이란다. 우리가 아무리 조심스럽게 죽음을 알린다 해도, 죽음이라는 돌이킬 수 없는 사건은 충격을 주기 마련이거든. 그래서 우리는 그것이 단순히 악몽이기를 바라는 거야. 그 꿈에서 깨어나는 순간의 아침은, 그 당시로서는 정말 힘들기 그지없단다. 모든 일들을 제자리로 되돌려 놓아야 하고, 그 나쁜 꿈이 한번에 그치지 않는다는 것을, 인생 자체가 악몽이 되어 버렸다는 것을 이해해야 하기 때문이지! 엄마는 가까운 이들이 세상을 떠날 때마다 꿈을 꾸고 있는 것이기를, 깨어나면 다시 그렇게 그리워했던 사람과 재회할 수 있게 되기를 간절히 바랐었단다. 하지만 결코 그러한 일들은 일어나지 않지! 그런데 우리 곁을 떠난 이를 만나기 위해서는 단지 예

전에 그와 자주 만났던 장소에 가기만 하면 된다는 것을, 또 그가 거기서 나를 기다리고 있다는 것을 깨닫고 놀랐던 적이 있단다. 그리고 요즈음도 여전히 그러한 생각에는 변함이 없단다.

Q 어쩌면 엄마는 그 죽음을 받아들이지 않은 것 같아요.

그래, 그것이 잘못 전하여진 소식이기를 간절히 바랐단다. 그리고 그후로도 오랫동안 그렇게 생각하였더랬지. 어쨌든 그의 죽음이 확실한 사실이라는 걸 인정하게 되는 시기가 있었긴 하지만.

Q 그렇더라도 그 사람이 죽었다는 사실을 예전부터 잘 알고 있었잖아요!

하지만 어떤 죽음은 여전히 이해할 수 없는 것으로 남아 있는걸. 사고나 질병에 대해서, 임종시의 고통이나 죽음 직전에 남기는 말 등에 대해서 이해해 보려고 애를 써도 소용이 없단다. 예를 들어 너희 막내외삼촌의 경우 죽음에 이르게 된 상황이며 일어났던 일, 그가 어떤 이야기를 했었는지 등등, 엄마는 그 모든 걸 다 알고 있단다. 그렇지만 그토록 젊고 무슨 일이든 할 수 있었던, 또 할 준비가 되어 있었던 오빠가 더 이상 이 세상에 존재하지 않는다는 사실은 이해가 되지 않았어. 정말 알 수가 없었지. 사실은 네 외삼촌에게 일어난 일이라면 사소한 것까지 알고 있으면서도 그 죽음만큼은 엄마에게 분노를 일으키고, 동시에 불가사의한 일로 남아 있단다.

 **외삼촌이 생각나지 않는 그런 날은 없었나요?**

그건 어려운 이야기로구나. 네게 어떻게 솔직하게 말해야 할지 모르겠다. 그러니까 상(喪)이라는 것도 다 때가 있는 법이지. 네 외삼촌이 돌아가신 그 첫해에는 밤이나 낮이나 늘 그를 생각하였단다. 사는 것이 정말이지 힘들었어. 식사를 할 때에도, 일을 할 때에도, 너를 돌볼 때에도 슬픔이 계속해서 엄마 안에 자리하고 있었지. 엄마는 끊임없이 어떻게 내가 오빠 없이 뭔가를 할 수 있을까 생각하곤 했어. 그는 항상 내 삶의 일부였고, 내 경험과 미래

의 일부분이었거든. 그러다 그 다음해부터는 식사를 할 때라든가 축제에 갈 때, 어떤 사건이 일어났을 때 오빠가 몹시도 그리웠지. 그렇게 오빠를 떠올리면서 그의 존재를, 그의 미소와 애정을 늘 그리워하였단다. 이제 그는 내 아이들이 자라는 것을 보지 못하겠구나, 내가 누리고 있고 우리가 함께할 수도 있었을 이런 행복들을 경험하지 못하겠구나 하는 생각들을 했단다. 인생이 너무 불공평하다고 느꼈었지. 너희 할머니께서 돌아가셨을 때에도 똑같은 느낌이 들었단다. 손자들과 행복한 미소를 짓고 있는 여느 할머니들을 볼 때마다 너무나 부러워서 "우리 아이들은 느끼지 못할 행복이로구나!" 하고 중얼거렸지. 한없이 슬펐단다. 내가 상과 슬픔을 지독히도 싫어하는 것은, 그때는 너그럽지 못한 감정들이 가슴속에 가득 차오르기 때문이야. 질투하게 되고, 부러워하게 되고, 옹졸해지기도 하지. 결코 행복한 느낌이 드는 때란 없어.

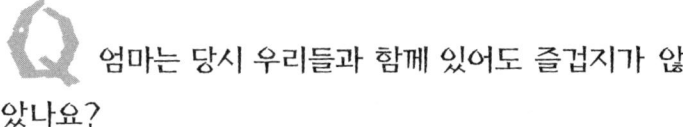 엄마는 당시 우리들과 함께 있어도 즐겁지가 않았나요?

아니, 물론 즐거웠지. 사랑했던 이들이 떠나 버려 인생이

이해할 수 없게 느껴졌던 힘든 나날들이 있기는 하였지만 말이야. 그래도 상이라는 것은 삶에 있어서 필요한 순간이란다. 산다는 것은 항상 상실과 헤어짐을 경험하는 것이지. 우리는 할아버지 할머니를 잃기도 하고, 부모님이나 친구들을 잃기도 해. 이러한 경험들은 매우 고통스럽긴 하지만 일상적이고, 또 지극히 정상적인 것이란다. 게다가 죽음만큼이나 지독하고 회복될 수 없는 고통들도 있어. 사고나 질병으로 몸의 일부분이 손상된다든지, 병에 걸리거나 기형아를 출산한다거나, 직장이나 직책을 그만두어야 하는 그런 때의 고통이지.

삶이 지닌 의미를 조금이라도 되찾고, 죽은 이들과의 관계를 이미 지나가 버린 것으로서가 아니라 소중하고 행복한 것으로 여길 때 비로소 우리는 상으로부터 벗어날 수가 있는 거란다. 하지만 우리가 사랑하고 그리워하는 그가 세상을 떠난 후, 그 사람보다 더 오래 살아가는 법을 배우는 데는 많은 시간이 걸리지…….

 **아이와 남편이 곁에 있는데도 그런가요?**

아이나 남편, 그리고 친구들에 대한 사랑은 우리가 계속

해서 삶을 영위할 수 있도록 돕지. 하지만 우리와 영이별한 그에 대한 사랑을 대신해 줄 수 있는 것은 아무것도 없단다. 우리들 각각은 결코 다른 사람들에 의해 대체될 수 없는 존재들이니까. 모두 자기만의 방식으로 그를 사랑한 이들에게 그리움을 주는 거란다.

 그러면 어떻게 하는 것이 도움이 되나요?

사랑도 일도 계속해 나가면서 삶이 지닌 의미를 찾아야 해. 비록 그 삶이 이해되지 않고 슬픔과 실망만을 안겨 주더라도 말이야. 예전에 엄마는 그러한 고통과 견줄 만한 것은 아무것도 없다고 여겨 하루 종일 절망스런 기분에 빠져 있었단다. 그러다 어느 날인가 친구에게 전화를 걸어 그렇듯 절망스런 심정을 털어놓았지. 그때 친구는 엄마더러 직장에 다시 나가라고, 존재의 의미에 대한 생각은 이제 그만 접어두고 계속해서 일을 하라고 충고해 주었어. 그 의미는 언젠가는 되돌아온다고 하면서 말이야……. 그래서 엄마는 다시 직장엘 나갔지. 그러자 모든 것이 서서히 제 흐름을 찾기 시작했단다. 때로는 이렇게 아주 작은 노력만으로도 충분할 때가 있단다.

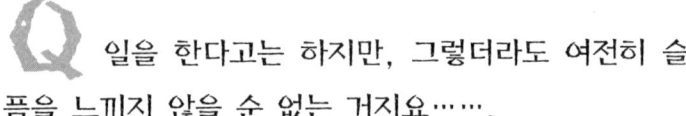 일을 한다고는 하지만, 그렇더라도 여전히 슬픔을 느끼지 않을 순 없는 거지요…….

 상을 당하였을 때의 슬픔은 다양하게 나타날 수 있어. 남아 있는 이들이 이미 세상을 떠난 이와 가졌던 가볍거나 힘들었던 관계 모두가 관련될 수 있단다. 그는 그렇게 떠났는데, 나는 이렇게 남아서 오래도록 살고 있다는 죄책감에 시달릴 수도 있고.

 죄책감에 시달린다구요?

 우리는 세상을 떠난 이들과 관련된 여러 가지 일들에서 죄책감을 가질 수 있단다. 그는 죽고 없는데, 우리는 이렇게 여전히 살고 있다는 것에서부터, 우리가 계속해서 웃을 수 있다는 것, 먹고 있다는 사실, 그리고 그와 함께했었던 일들이나 그가 하길 바랐던 일들을 하고 있는 것까지도…….

 어리석은 생각이에요…….

하지만 사실이란다. 그래도 다른 식으로 반응할 수는 있어. 옛날에 그와 함께했던 활동들을 계속해 나가면서 그에 대한 추억을 영원히 간직한다든지 하는 식으로 말이다.

 예를 들면요?

조개를 잡고, 크레이프를 먹으러 가고, 히아신스를 꺾는 그러한 순간순간들에 예전에 그것을 함께했던 이브를 생각하는 거야. 음식점이나 여행을 갈 때는 라파엘을 생각하고. 리올레〔쌀을 우유에 쪄서 설탕을 끼얹은 앙트르메 요리〕나 캐러멜 푸딩〔우유와 크림·설탕을 주원료로 만든 프랑스의 디저트 중 하나〕을 만들 때는 가브리엘을 떠올릴 수도 있겠지. 또 장을 생각하면서 그리스 철학을 공부하거나, 베티와 대화를 나눈다고 상상하면서 칸트의 무슨무슨 책을 읽는다든지……. 다 말하자면 끝이 없겠는걸. 죽은 이들은 이렇듯 우리 인생에서 사라지지 않아. 우리는 머릿속으로 그들에게 말을 걸 수가 있지. 그들에게 전화

를 건다고 상상할 수도 있단다. 물론 우리의 바람에도 불구하고 그들이 전화를 받을 순 없겠지만 말이야. 그리고 우리는 그들에 대해서 이야기를 할 수도 있단다. 그렇게 그들은 살아 있는 거야.

 그러니까 엄마의 이야기는, 비록 세상을 떠났다 하더라도 우리의 삶 속에 남아 있는 그들까지 잊어선 안 된다는 건가요?

엄마는 그렇게밖에 생각할 수가 없구나. 하지만 대부분의 사람들은 세상을 떠난 이들에 대한 이야기를 꺼내는 것마저도 주저거리지. 어쩌면 너무도 힘겨워서 말할 수조차 없는 것처럼…….

 아빠가 그렇지요!

삶에 대해서 그러한 것처럼 죽음에 대해서도 우리는 아주 다양한 태도를 취할 수가 있는 거란다. 어떤 이들은 죽음에 대한 생각을 극단적으로 피한 채 항상 다른 것들을

생각하면서 기분 전환을 하지. 또 어떤 이들은 항상 죽음의 문제로 돌아오기도 하고.

 엄마처럼요……

아마도 그럴 거야……. 하지만 우리는 끊임없이 죽음을 염두에 두거나 우리의 삶을 망치지 않고도 죽음을 생각할 수가 있단다. 적당한 선에서 죽음과 거리를 두면서 말이야. 그러는 것이 삶을 그만큼 더 존중하는 길이지.

 하지만 어떻게요?

먼저 죽음 또한 삶의 일부라는 걸 이해해야 한단다. 물론 죽음이란 삶이 끝나는 것이지. 하지만 동시에 삶의 일회성, 그것이 주는 기쁨과 강렬함 속에서 우리가 삶을 소중히 여길 수 있도록 하는 데 필수적인 것이 바로 죽음이란다. 주위에서 죽음을 맞이하는 경우를 여러 차례 접하다 보면, 우리는 그만큼 삶을 온전히 향유해야 한다는 걸 깨닫게 되고, 또 지금 누리고 있는 건강과 행복을 매순간 즐

길 수가 있게 되는 거지. 그것은 이론적인 입장이 아니라 다른 이들의 죽음처럼 자기 자신의 죽음에 대해서도 어떻게 대처해야 할지를 인지하는 거란다…….

 **이해가 잘 안 되는데요.**

 자기 자신의 죽음에 대처한다는 것은, 삶이란 늘 위협받고 있으며 일시적이라는 사실을 인정하는 거란다. 그리고 그렇기 때문에 한없이 값진 것이기도 하지. 한번 스쳐 지나가는 것처럼 자기가 한번뿐인 인생을 살고 있다는 것을 아는 거야. 그러한 인식을 하게 되면, 우리는 자신이 죽었을 경우 어떻게 했으면 한다고 원하는 것들을 미리 알려 줄 수가 있지. 예컨대 자기 아이들을 위해서 말이야.

 **지금 아빠와 엄마 두 분 모두가 돌아가시게 된다면 어떻게 할 것인지를 생각하는 거예요. 그런 상황이라면 정말이지 무서워요…….**

 그러한 생각들이 유쾌한 것은 아니지. 하지만 그런 일들

이 전혀 일어나지 않으리라고, 또는 다른 이들에게만 일어나는 일들이라고 여기는 것보다는 말을 하고, 미리 생각해 두는 것이 더 좋단다……. 왜냐하면 우리 모두 언젠가는 죽게 되기 때문이지. 그런데 어째서 나중에 우리에게 일어날 일들과 우리 뒤에 남겨질 사람들은 신경도 쓰지 않고 사실을 감추어 두려는 거지? 자기의 뒷일을 계획하고, 그 지식과 생각·의지를 전달하려는 노력이 자신의 죽음에 대비해서 더욱 침착하게 대처하는 거란다.

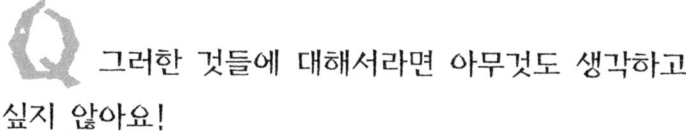 그러한 것들에 대해서라면 아무것도 생각하고 싶지 않아요!

하지만 어떤 이들은 그러한 것들을 앞서 생각해 둔단다. 자기가 죽은 뒤에 일어날 수 있는 일들을 미리 알아보고서, 예를 들어 가족과 공증인에게 그러한 것들을 설명해 주는 건 용기 있는 일이면서 또한 중요한 일이지. 왜냐하면 그렇게 해두어야 그가 사망하였을 경우 상속이 이루어지는 일로 가족들이 분열되지 않을 테니까. 그러나 용기 있게 이러한 예측을 하는 사람들은 좀처럼 없단다! 그래서 종종 가족 가운데 누군가가 세상을 떠나게 되어 겪는

슬픔은 그 유산 상속 과정에서 일어나는 분쟁 때문에 고통이 배가되기도 하지. 고인이 부자였건 그렇지 않건 말이다. 이를테면 큰 재산이 아니라 가구 몇 개를 두고도 분쟁이 생길 수 있거든…….

그리고 자기 자신의 죽음뿐만 아니라 다른 이들의 죽음까지도 대처한다는 것은, 그들의 생명이 마지막 순간까지 지속되기에 최대한의 존엄성을 인정받아야 한다고 생각하는 거란다. 아픈 이들에 대해서, 또 그 생명이 막바지에 다다른 이들에게 관심을 기울이는 것은 죽음이 아닌 삶에 대하여 관심을 갖는 거야. 왜냐하면 죽어가는 이들도 그 죽음이 이르기 전까지는 생명이 지속되고 있는 거니까.

Q 그것은 엄마가 아까 설명해 주었던 거잖아요. 하지만 우리가 언제나 삶을 사랑하고 존중할 수는 없을 것 같아요. 너무나도 고통스러울라치면 우리는 살아 있는 것을 좋아할 수도 없고, 원치도 않게 되지요. 죽고 싶어하잖아요.

그것이 사실 고통과 괴로움이 주는 문제란다. 우리가 그 생명을 포기하고 싶을 정도로 삶이 버거운 거지. 이럴 때

우리는 오로지 한 가지밖에 생각할 수가 없어. 곧바로 죽는 것, 왜냐하면 우리 몸이 우리를 너무도 고통스럽게 하니까. 우리는 말을 할 수도, 생각을 할 수도 없어서 다만 그 삶이 끝나기만을 바라지. 안락사를 요구하는 것도 그렇게 이해될 수 있어······.

 안락사가 뭐예요?

안락사란 말의 어원은 수월한 죽음(프랑스어로 안락사는 euthanasie; 그리스어 어원은 eu=good, thanatos=death), 나아가 편안한 죽음을 뜻하는데, 극심한 고통을 받고 있는 불치의 환자로 하여금 고통 없이 죽을 수 있도록 돕는 의사의 행위를 이른단다. 우리 나라에서는 법으로 금지되어 있지. 어느 누구라도 고의적 살인으로 기소되고 싶지 않다면 이러한 죽음을 허용해선 안 된단다.

 왜 '우리 나라에서는'이죠? 어떤 나라에서든지 사람의 목숨을 앗을 권리는 없는 거잖아요······.

그것은 아주 복잡한 문제란다. 어떤 나라들의 경우 사형이 엄연히 존재하는 만큼 국가 자체가 인간의 목숨을 끊을 수 있는 권리를 행사하게 되는 거지. 그리고 그 문제까지 가지 않더라도 유럽의 일부 국가는 안락사를 합법화했어. 예를 들면 네덜란드나 스위스 같은 나라가 그렇지. 이 국가들의 형법은 안락사와 자살 방조를 허용했단다. 말할 수 없이 극심한 신체적·정신적 고통 속에서 그 삶을 마치지 않도록 하는 거지. 그러니까 인도주의적 관점에서 불치의 환자들이 인간의 존엄성을 지켜 평안히 죽을 수 있도록 돕기로 한 거란다.

그외에도 프랑스에는 윤리와 법의 문제들을 고민하는 이들이 모여 구성한 윤리위원회가 있단다. 2000년 3월 3일, 이 위원회는 어떤 예외적인 경우들에 있어서는 수명을 단축시키는 행위가 받아들여져야 한다고 발표했지. 그것이 바로 우리가 안락사의 예외 조항이라 일컫는 거란다. 하지만 그밖의 경우에 있어서 안락사는 항상 법적으로 처벌을 받아 왔어. 우리 나라에서는 어떠한 법조문도 환자의 목숨을 단축시키는 행위를 합법적이라 규정하고 있지 않지만, 어떤 극단적인 경우들에서는 그러한 행위가 이해되기도 하지. 그럴 때면 법원측에서 매우 관대한 태도를 취하기도 한단다.

 저는 의사라면 당연히 사람의 생명을 구해야 한다고 생각했어요.

많은 의사들이 똑같은 말을 하지. 그리고 원칙적으로 볼 때 네 판단도 그르지 않아. 하지만 네가 의사라고 가정하였을 경우, 극심한 고통을 겪고 있는 불치의 환자를 네가 조금이라도 도울 수 있다면 어떻게 하겠니? 다른 곳을 쳐다보면서 회피하겠니? 그것은 네 문제가 아니라고, 네 임무는 생명을 단축시키는 것이 아니라 유지시키는 것이라고 확신할 수 있을까?

 그것에 대하여는 생각해 본 적이 없어요······.

하지만 그것은 의사들이 직면하는 가장 어려운 문제 가운데 하나란다. 우리가 어떤 환자에 대해서 더 이상 손쓸 수 없을 때 그 고통을 덜어 주는 것, 그러니까 그의 생명을 단축시키는 것은 의사의 사명이 아니지. 하지만 의사 생활중에 필연적으로 부딪치게 되는 아주 고통스러운 문제란다. 간호사들의 경우도 마찬가지이고.

 어떤 환자들의 경우 자살을 하기도 하나요?

　실제로 환자들이 그 스스로 자기의 목숨을 끊기로 결심할 수도 있지. 그러나 불치의 병을 앓게 되면 자살을 하려고 하여도 크나큰 용기와 힘이 필요하단다. 또 적당한 약품이며 도구도 있어야 하고. 그 스스로 자기의 목숨을 끊는다는 것은 정말이지 쉽지가 않아. 자살을 하려다 실패라도 하면 그 이전보다 상태가 훨씬 나빠질 수도 있거든. 그래서 자살의 경우에도 마찬가지로 의사의 도움이 필요할 때가 많단다. 오랫동안 자살은 종교적으로나 도덕적으로나 법적으로 금지되었더랬어. 1792년부터 프랑스에서는 자살 미수가 더 이상 죄가 되지는 않지만, 자살을 돕는 행위는 전과 같이 금지되어 있지. 그렇기에 의사들이 환자의 자살을 도우려면 여전히 상당한 위험을 무릅써야 하는 거란다……. 그런데 스위스와 네덜란드에서는 그렇지가 않아. 자살 행위를 돕는 것이 더 이상 처벌을 받지 않는단다. 그러니까 의사들이 기소되지 않는 거야. 그래서 상황이 약간 바뀌게 되었지…….

 엄마라면 처벌을 받게 되리라는 걸 알면서도 자살을 실행할 수가 있을까요?

 엄마가 그럴 만한 용기가 있을는지 잘 모르겠구나. 언젠가 암 전문의와 그것에 대하여 이야기를 나눈 적이 있긴 하지만 말이야. 그는 많은 환자들이 편안히 죽음을 맞이할 수 있도록 도운 인도적인 분이신데, 엄마가 만일 죽음을 택하여야만 하는 어쩔 수 없는 상황에 이른다면 그로 하여금 주사를 놓아 주십사 하는, 죽음을 위한 내 마지막 시도를 도와 주십사 하는 바람을 그때 전하였었지. 그렇더라도 엄마는 혼자서 죽고 싶지는 않단다.

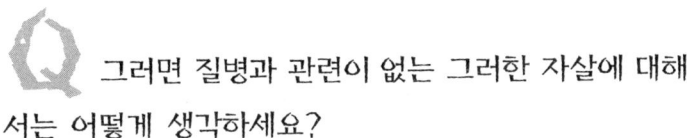 그러면 질병과 관련이 없는 그러한 자살에 대해서는 어떻게 생각하세요?

 불치병 판정을 받았을 때나 자기에게 남은 마지막 존엄성을 지키기 위한 거라면 자살이 이해될 수도 있다고 생각하지만, 절망스런 심정에 또는 우울의 늪에서 벗어나지 못해 자살을 시도하는 것에는 동조할 수가 없구나. 왜냐하

면 생명은 우리의 가장 고귀한 재산이고, 예기치 않은 치료법이 나온다거나 우리가 전혀 생각지 못했던 새로운 상황이 펼쳐질 수도 있다고 믿기 때문이야. 하지만 이러한 생각도 건강한 사람만이 가질 수 있는 거란다. 자살을 원하는 이들에겐 그들의 문제에 대한 해결책조차도 보이지 않으니까……. 그들의 고통이 너무나도 커서 다른 것들을 계획할 수가 없는 거지……. 그러니 그들을 원망하기보다는 동정적으로 대하는 편이 더 나을는지도 몰라.

 **누군가가 자살을 하는 것은, 그 자신이 죽음을 원하기 때문이라는 말이지요…….**

누군가가 그순간 자신의 인생을 버리는 쪽을 택한 거지. 하지만 그는 다른 이들에게 지우게 될 불행과 죄책감을 충분히 생각지 않은 거야. 남아 있는 자들에게 가까운 이들의 자살은 커다란 고통을 안겨 준단다. 내가 이렇게 하였어야 했는데, 이렇게 말하였어야 했는데 하면서 스스로를 책망하게 되거든……. 상황의 심각성을 이해하지 못했던 자신들을 책망하는 거지.

하지만 이러한 책망은 피할 수 없는 것인 동시에 헛된 것이란다. 자살자들은 다른 이들을 벌하기 위해서가 아니라 자신의 삶의 진정한 출구로서 자살을 생각하였던 것이니까……

Q 그러니까 자살자들은 자기 자신의 삶을 끝내는 쪽을 선택한 거지요. 하지만 저는 계속해서 살고 싶은데요. 엄마, 이제 우리 이런 이야기 그만하면 안 되나요? 아이스크림이나 먹으면서 다른 즐거운 이야기를 하는 게 어때요?

좋은 생각이로구나! 그러나 엄마가 이렇듯 심각하고 힘든 이야기를 시작하였던 것은, 죽음에 대하여 침묵하는 것이 가장 고통스러운 일이라고 생각하였기 때문이란다. 때로는 이러한 침묵을 깨고서, 죽음이 지닌 피할 수 없는 속성들과 폭력성에 대해서도 말할 줄 알아야 해. 그렇게 한다 해서 불행해지거나 그 삶을 온전히 누릴 수 없게 되는 것은 아니거든. 오히려 그 반대일 거야…….

법적인 조언과 자상한 관심을 기울여 준
카트린 피카르에게 고마움을 표합니다.
용기를 주고 질문에 성심으로 응답하여 준
클레망틴에게도 감사를 드립니다.

역자 후기

무라카미 하루키의 《상실의 시대》를 보면, 죽음을 앞둔 노인이 옆에서 오이를 먹고 있는 젊은이의 모습을 보고서 그 오이를 조금 달라고 하는 장면이 나온다. 그는 아삭거리는 오이를 맛있게 먹고, 며칠 후 죽음을 맞는다. 죽음을 코앞에 두고 있지만, 아니 바로 그렇기에 생명의 기쁨과 소중함이 남달랐을 그의 모습에서, 죽음을 아직 먼 이야기라고 치부한 채 하루하루를 살아가는 우리는 묘한 감동을 받는다.

번역을 하는 내내 그 오이의 아삭거림이 떠올랐다. 초등학생 딸이 그날의 숙제에 대해 이야기하듯 어머니에게 같은 반 친구의 아버지가 죽은 사실을 알린다. 어머니는 부담스러울 수도 있는 이 주제를 피하지 않고 딸이 올바른 관점으로 죽음을 바라보도록 대화를 이끌어 간다. 죽음에 관한 어머니의 경험과 추억들(오빠의 죽음이 주었던 고통, 단짝 친구의 죽은 모습에 대한 추억 등)이 담담하게 펼쳐지는 가운데 죽음에 대해 나누는 이야기는 곧 삶에 대한 대화가 된다. '죽음이란 삶의 일부'라는 거창한 명제를 분석하는 방법을 쓰지 않았지만, 이들이 나누는 대화 속엔 그 진리가 녹아 있다.

 어린 딸과의 대화라고 해서 그 내용이 제한되어 있다고 생각하면 오산이다. 여기에는 죽음을 둘러싼 많은 주제들, 종교와 신화, 장례, 죽음 이후의 문제, 남겨진 이들의 슬픔과 결핍감이 등장한다. 그리고 어린아이들에게는 말을 꺼내기조차 어려운 안락사, 에이즈, 자살의 문제까지 들춘다. 이 책을 펼쳐든 독자들 가운데 죽음을 이해할 수 없는 어린 딸에게 이런 이야기를 들려 주는 것이 무슨 소용이 있을까 생각하는 이가 있을는지 모르겠다. 그러나 저자가 언급했듯이, 그리고 이 책에서 저자가 보여 주듯이, 쉽고 정확한 언어로 조근조근 설명해 주기만 한다면 죽음을 너무 힘들게 받아들이지도 않을 것이며, 어쩌면 죽음을 별다른 거부감 없이 받아들일 수가 있을 것이다.

 프랑스 쇠이유출판사는 이 '아이들에게 들려주는' 시리즈를 통해 우리 사회에 존재하는 금기나 다루기 힘든 많은 주제들에 대하여 아이들과 나눈 대화를 꾸준히 펴내고 있다. 어린아이들에게 죽음에 대해서만이 아니라 우리를 둘러싸고 있는 이야기하기 힘든 주제들에 대해서, 이렇게 담담한 목소리로 사실 그대로를 이야기할 수 있는 사회는 얼마나 건강한 사회일까 생각해 본다.

2005년 8월 김 미 정

김미정
이화여대 불어불문학과 졸업
이화여대 통번역대학원 한불번역과 졸업
숭의여고에서 불어를 가르치며 프리랜서로 번역 활동

현대신서
302

아이들에게 설명하는 죽음

초판발행 : 2005년 9월 20일

東文選
제10-64호, 78. 12. 16 등록
110-300 서울 종로구 관훈동 74번지
전화 : 737-2795

ISBN 89-8038-816-0 04300
ISBN 89-8038-050-X (세트/현대신서)

【東文選 現代新書】

1	21세기를 위한 새로운 엘리트	FORESEEN 연구소 / 김경현	7,000원
2	의지, 의무, 자유 — 주제별 논술	L. 밀러 / 이대희	6,000원
3	사유의 패배	A. 핑켈크로트 / 주태환	7,000원
4	문학이론	J. 컬러 / 이은경·임옥희	7,000원
5	불교란 무엇인가	D. 키언 / 고길환	6,000원
6	유대교란 무엇인가	N. 솔로몬 / 최창모	6,000원
7	20세기 프랑스철학	E. 매슈스 / 김종갑	10,000원
8	강의에 대한 강의	P. 부르디외 / 현택수	6,000원
9	텔레비전에 대하여	P. 부르디외 / 현택수	10,000원
10	고고학이란 무엇인가	P. 반 / 박범수	8,000원
11	우리는 무엇을 아는가	T. 나겔 / 오영미	5,000원
12	에쁘롱 — 니체의 문체들	J. 데리다 / 김다은	7,000원
13	히스테리 사례분석	S. 프로이트 / 태혜숙	7,000원
14	사랑의 지혜	A. 핑켈크로트 / 권유현	6,000원
15	일반미학	R. 카이유와 / 이경자	6,000원
16	본다는 것의 의미	J. 버거 / 박범수	10,000원
17	일본영화사	M. 테시에 / 최은미	7,000원
18	청소년을 위한 철학교실	A. 자카르 / 장혜영	7,000원
19	미술사학 입문	M. 포인턴 / 박범수	8,000원
20	클래식	M. 비어드·J. 헨더슨 / 박범수	6,000원
21	정치란 무엇인가	K. 미노그 / 이정철	6,000원
22	이미지의 폭력	O. 몽젱 / 이은민	8,000원
23	청소년을 위한 경제학교실	J. C. 드루엥 / 조은미	6,000원
24	순진함의 유혹 〔메디시스賞 수상작〕	P. 브뤼크네르 / 김웅권	9,000원
25	청소년을 위한 이야기 경제학	A. 푸르상 / 이은민	8,000원
26	부르디외 사회학 입문	P. 보네위츠 / 문경자	7,000원
27	돈은 하늘에서 떨어지지 않는다	K. 아른트 / 유영미	6,000원
28	상상력의 세계사	R. 보이아 / 김웅권	9,000원
29	지식을 교환하는 새로운 기술	A. 벵토릴라 外 / 김혜경	6,000원
30	니체 읽기	R. 비어즈워스 / 김웅권	6,000원
31	노동, 교환, 기술 — 주제별 논술	B. 데코사 / 신은영	6,000원
32	미국만들기	R. 로티 / 임옥희	10,000원
33	연극의 이해	A. 쿠프리 / 장혜영	8,000원
34	라틴문학의 이해	J. 가야르 / 김교신	8,000원
35	여성적 가치의 선택	FORESEEN연구소 / 문신원	7,000원
36	동양과 서양 사이	L. 이리가라이 / 이은민	7,000원
37	영화와 문학	R. 리처드슨 / 이형식	8,000원
38	분류하기의 유혹 — 생각하기와 조직하기	G. 비뇨 / 임기대	7,000원
39	사실주의 문학의 이해	G. 라루 / 조성애	8,000원
40	윤리학 — 악에 대한 의식에 관하여	A. 바디우 / 이종영	7,000원
41	흙과 재 〔소설〕	A. 라히미 / 김주경	6,000원

42	진보의 미래	D. 르쿠르 / 김영선	6,000원
43	중세에 살기	J. 르 고프 外 / 최애리	8,000원
44	쾌락의 횡포·상	J. C. 기유보 / 김웅권	10,000원
45	쾌락의 횡포·하	J. C. 기유보 / 김웅권	10,000원
46	운디네와 지식의 불	B. 데스파냐 / 김웅권	8,000원
47	이성의 한가운데에서 — 이성과 신앙	A. 퀴노 / 최은영	6,000원
48	도덕적 명령	FORESEEN 연구소 / 우강택	6,000원
49	망각의 형태	M. 오제 / 김수경	6,000원
50	느리게 산다는 것의 의미·1	P. 쌍소 / 김주경	7,000원
51	나만의 자유를 찾아서	C. 토마스 / 문신원	6,000원
52	음악적 삶의 의미	M. 존스 / 송인영	근간
53	나의 철학 유언	J. 기통 / 권유현	8,000원
54	타르튀프 / 서민귀족 [희곡]	몰리에르 / 덕성여대극예술비교연구회	8,000원
55	판타지 공장	A. 플라워즈 / 박범수	10,000원
56	홍수·상 [완역판]	J. M. G. 르 클레지오 / 신미경	8,000원
57	홍수·하 [완역판]	J. M. G. 르 클레지오 / 신미경	8,000원
58	일신교 — 성경과 철학자들	E. 오르티그 / 전광호	6,000원
59	프랑스 시의 이해	A. 바이양 / 김다은·이혜지	8,000원
60	종교철학	J. P. 힉 / 김희수	10,000원
61	고요함의 폭력	V. 포레스테 / 박은영	8,000원
62	고대 그리스의 시민	C. 모세 / 김덕희	7,000원
63	미학개론 — 예술철학입문	A. 셰퍼드 / 유호전	10,000원
64	논증 — 담화에서 사고까지	G. 비뇨 / 임기대	6,000원
65	역사 — 성찰된 시간	F. 도스 / 김미겸	7,000원
66	비교문학개요	F. 클로동·K. 아다-보트링 / 김정란	8,000원
67	남성지배	P. 부르디외 / 김용숙	개정판 10,000원
68	호모사피언스에서 인터렉티브인간으로	FORESEEN 연구소 / 공나리	8,000원
69	상투어 — 언어·담론·사회	R. 아모시·A. H. 피에로 / 조성애	9,000원
70	우주론이란 무엇인가	P. 코올즈 / 송형석	8,000원
71	푸코 읽기	P. 빌루에 / 나길래	8,000원
72	문학논술	J. 파프·D. 로쉬 / 권종분	8,000원
73	한국전통예술개론	沈雨晟	10,000원
74	시학 — 문학 형식 일반론 입문	D. 퐁텐 / 이용주	8,000원
75	진리의 길	A. 보다르 / 김승철·최정아	9,000원
76	동물성 — 인간의 위상에 관하여	D. 르스텔 / 김승철	6,000원
77	랑가쥬 이론 서설	L. 옐름슬레우 / 김용숙·김혜련	10,000원
78	잔혹성의 미학	F. 토넬리 / 박형섭	9,000원
79	문학 텍스트의 정신분석	M. J. 벨멩-노엘 / 심재중·최애영	9,000원
80	무관심의 절정	J. 보드리야르 / 이은민	8,000원
81	영원한 황홀	P. 브뤼크네르 / 김웅권	9,000원
82	노동의 종말에 반하여	D. 슈나페르 / 김교신	6,000원
83	프랑스영화사	J.-P. 장콜라 / 김혜련	8,000원

84	조와(弔蛙)	金教臣 / 노치준·민혜숙	8,000원
85	역사적 관점에서 본 시네마	J. -L. 뢰트라 / 곽노경	8,000원
86	욕망에 대하여	M. 슈벨 / 서민원	8,000원
87	산다는 것의 의미·1—여분의 행복	P. 쌍소 / 김주경	7,000원
88	철학 연습	M. 아롱델-로오 / 최은영	8,000원
89	삶의 기쁨들	D. 노게 / 이은민	6,000원
90	이탈리아영화사	L. 스키파노 / 이주현	8,000원
91	한국문화론	趙興胤	10,000원
92	현대연극미학	M. -A. 샤르보니에 / 홍지화	8,000원
93	느리게 산다는 것의 의미·2	P. 쌍소 / 김주경	7,000원
94	진정한 모럴은 모럴을 비웃는다	A. 에슈고엔 / 김웅권	8,000원
95	한국종교문화론	趙興胤	10,000원
96	근원적 열정	L. 이리가라이 / 박정오	9,000원
97	라캉, 주체 개념의 형성	B. 오질비 / 김 석	9,000원
98	미국식 사회 모델	J. 바이스 / 김종명	7,000원
99	소쉬르와 언어과학	P. 가데 / 김용숙·임정혜	10,000원
100	철학적 기본 개념	R. 페르버 / 조국현	8,000원
101	맞불	P. 부르디외 / 현택수	10,000원
102	글렌 굴드, 피아노 솔로	M. 슈나이더 / 이창실	7,000원
103	문학비평에서의 실험	C. S. 루이스 / 허 종	8,000원
104	코뿔소 [희곡]	E. 이오네스코 / 박형섭	8,000원
105	지각—감각에 관하여	R. 바르바라 / 공정아	7,000원
106	철학이란 무엇인가	E. 크레이그 / 최생열	8,000원
107	경제, 거대한 사탄인가?	P. -N. 지로 / 김교신	7,000원
108	딸에게 들려 주는 작은 철학	R. 시몬 셰퍼 / 안상원	7,000원
109	도덕에 관한 에세이	C. 로슈·J. -J. 바레르 / 고수현	6,000원
110	프랑스 고전비극	B. 클레망 / 송민숙	8,000원
111	고전수사학	G. 위딩 / 박성철	10,000원
112	유토피아	T. 파코 / 조성애	7,000원
113	쥐비알	A. 자르댕 / 김남주	7,000원
114	증오의 모호한 대상	J. 아순 / 김승철	8,000원
115	개인—주체철학에 대한 고찰	A. 르노 / 장정아	7,000원
116	이슬람이란 무엇인가	M. 루스벤 / 최생열	8,000원
117	테러리즘의 정신	J. 보드리야르 / 배영달	8,000원
118	역사란 무엇인가	존 H. 아널드 / 최생열	8,000원
119	느리게 산다는 것의 의미·3	P. 쌍소 / 김주경	7,000원
120	문학과 정치 사상	P. 페티티에 / 이종민	8,000원
121	가장 아름다운 하나님 이야기	A. 보테르 外 / 주태환	8,000원
122	시민 교육	P. 카니베즈 / 박주원	9,000원
123	스페인영화사	J.- C. 스갱 / 정동섭	8,000원
124	인터넷상에서—행동하는 지성	H. L. 드레퓌스 / 정혜욱	9,000원
125	내 몸의 신비—세상에서 가장 큰 기적	A. 지오르당 / 이규식	7,000원

126	세 가지 생태학	F. 가타리 / 윤수종	8,000원
127	모리스 블랑쇼에 대하여	E. 레비나스 / 박규현	9,000원
128	위뷔 왕 〔희곡〕	A. 자리 / 박형섭	8,000원
129	번영의 비참	P. 브뤼크네르 / 이창실	8,000원
130	무사도란 무엇인가	新渡戶稻造 / 沈雨晟	7,000원
131	꿈과 공포의 미로 〔소설〕	A. 라히미 / 김주경	8,000원
132	문학은 무슨 소용이 있는가?	D. 살나브 / 김교신	7,000원
133	종교에 대하여—행동하는 지성	존 D. 카푸토 / 최생열	9,000원
134	노동사회학	M. 스트루방 / 박주원	8,000원
135	맞불·2	P. 부르디외 / 김교신	10,000원
136	믿음에 대하여—행동하는 지성	S. 지제크 / 최생열	9,000원
137	법, 정의, 국가	A. 기그 / 민혜숙	8,000원
138	인식, 상상력, 예술	E. 아카마츄 / 최돈호	근간
139	위기의 대학	ARESER / 김교신	10,000원
140	카오스모제	F. 가타리 / 윤수종	10,000원
141	코란이란 무엇인가	M. 쿡 / 이강훈	9,000원
142	신학이란 무엇인가	D. 포드 / 강혜원·노치준	9,000원
143	누보 로망, 누보 시네마	C. 뮈르시아 / 이창실	8,000원
144	지능이란 무엇인가	I. J. 디어리 / 송형석	10,000원
145	죽음—유한성에 관하여	F. 다스튀르 / 나길래	8,000원
146	철학에 입문하기	Y. 카탱 / 박선주	8,000원
147	지옥의 힘	J. 보드리야르 / 배영달	8,000원
148	철학 기초 강의	F. 로피 / 공나리	8,000원
149	시네마토그래프에 대한 단상	R. 브레송 / 오일환·김경온	9,000원
150	성서란 무엇인가	J. 리치스 / 최생열	10,000원
151	프랑스 문학사회학	신미경	8,000원
152	잡사와 문학	F. 에브라르 / 최정아	10,000원
153	세계의 폭력	J. 보드리야르·E. 모랭 / 배영달	9,000원
154	잠수복과 나비	J. -D. 보비 / 양영란	6,000원
155	고전 할리우드 영화	J. 나카시 / 최은영	10,000원
156	마지막 말, 마지막 미소	B. 드 카스텔바자크 / 김승철·장정아	근간
157	몸의 시학	J. 피죠 / 김선미	10,000원
158	철학의 기원에 관하여	C. 콜로베르 / 김정란	8,000원
159	지혜에 대한 숙고	J. -M. 베스니에르 / 곽노경	8,000원
160	자연주의 미학과 시학	조성애	10,000원
161	소설 분석—현대적 방법론과 기법	B. 발레트 / 조성애	10,000원
162	사회학이란 무엇인가	S. 브루스 / 김경안	근간
163	인도철학입문	S. 헤밀턴 / 고길환	10,000원
164	심리학이란 무엇인가	G. 버틀러·F. 맥마누스 / 이재현	근간
165	발자크 비평	J. 글레즈 / 이정민	10,000원
166	결별을 위하여	G. 마츠네프 / 권은희·최은희	10,000원
167	인류학이란 무엇인가	J. 모나건 外 / 김경안	근간

168 세계화의 불안	Z. 라이디 / 김종명	8,000원
169 음악이란 무엇인가	N. 쿡 / 장호연	10,000원
170 사랑과 우연의 장난 [희곡]	마리보 / 박형섭	10,000원
171 사진의 이해	G. 보레 / 박은영	근간
172 현대인의 사랑과 성	현택수	9,000원
173 성해방은 진행중인가?	M. 이아쿠브 / 권은희	10,000원
174 교육은 자기 교육이다	H. -G. 가다머 / 손승남	10,000원
175 밤 끝으로의 여행	L. -F. 쎌린느 / 이형식	19,000원
176 프랑스 지성인들의 '12월'	J. 뒤발 外 / 김영모	10,000원
177 환대에 대하여	J. 데리다 / 남수인	13,000원
178 언어철학	J. P. 레스베베르 / 이경래	10,000원
179 푸코와 광기	F. 그로 / 김웅권	10,000원
180 사물들과 철학하기	R. -P. 드루아 / 박선주	10,000원
181 청소년이 알아야 할 사회경제학자들	J. -C. 드루앵 / 김종명	8,000원
182 서양의 유혹	A. 말로 / 김웅권	10,000원
183 중세의 예술과 사회	G. 뒤비 / 김웅권	10,000원
184 새로운 충견들	S. 알리미 / 김영모	10,000원
185 초현실주의	G. 세바 / 최정아	10,000원
186 프로이트 읽기	P. 랜드맨 / 민혜숙	10,000원
187 예술 작품 — 작품 존재론 시론	M. 아르 / 공정아	10,000원
188 평화	M. 카스티요 / 장정아	10,000원
189 히로시마 내 사랑	M. 뒤라스 / 이용주	10,000원
300 아이들에게 설명하는 이혼	P. 루카스・S. 르로이 / 이은민	8,000원
301 아이들에게 들려주는 인도주의	J. 마무 / 이은민	근간
302 아이들에게 설명하는 죽음	E. 위스망 페랭 / 김미정	8,000원
303 아이들에게 들려주는 선사시대 이야기	J. 클로드 / 김교신	8,000원
304 아이들에게 들려주는 이슬람 이야기	T. 벤 젤룬 / 김교신	8,000원

【東文選 文藝新書】

1 저주받은 詩人들	A. 뻬이르 / 최수철・김종호	개정근간
2 민속문화론서설	沈雨晟	40,000원
3 인형극의 기술	A. 훼도토프 / 沈雨晟	8,000원
4 전위연극론	J. 로스 에반스 / 沈雨晟	12,000원
5 남사당패연구	沈雨晟	19,000원
6 현대영미희곡선(전4권)	N. 코워드 外 / 李辰洙	절판
7 행위예술	L. 골드버그 / 沈雨晟	절판
8 문예미학	蔡 儀 / 姜慶鎬	절판
9 神의 起源	何 新 / 洪 熹	16,000원
10 중국예술정신	徐復觀 / 權德周 外	24,000원
11 中國古代書史	錢存訓 / 金允子	14,000원
12 이미지 — 시각과 미디어	J. 버거 / 편집부	15,000원
13 연극의 역사	P. 하트놀 / 沈雨晟	절판

14 詩 論	朱光潛 / 鄭相泓	22,000원
15 탄트라	A. 무케르지 / 金龜山	16,000원
16 조선민족무용기본	최승희	15,000원
17 몽고문화사	D. 마이달 / 金龜山	8,000원
18 신화 미술 제사	張光直 / 李 徹	절판
19 아시아 무용의 인류학	宮尾慈良 / 沈雨晟	20,000원
20 아시아 민족음악순례	藤井知昭 / 沈雨晟	5,000원
21 華夏美學	李澤厚 / 權 瑚	20,000원
22 道	張立文 / 權 瑚	18,000원
23 朝鮮의 占卜과 豫言	村山智順 / 金禧慶	28,000원
24 원시미술	L. 아담 / 金仁煥	16,000원
25 朝鮮民俗誌	秋葉隆 / 沈雨晟	12,000원
26 神話의 이미지	J. 캠벨 / 扈承喜	근간
27 原始佛敎	中村元 / 鄭泰爀	8,000원
28 朝鮮女俗考	李能和 / 金尙憶	24,000원
29 朝鮮解語花史(조선기생사)	李能和 / 李在崑	25,000원
30 조선창극사	鄭魯湜	17,000원
31 동양회화미학	崔炳植	18,000원
32 性과 결혼의 민족학	和田正平 / 沈雨晟	9,000원
33 農漁俗談辭典	宋在璇	12,000원
34 朝鮮의 鬼神	村山智順 / 金禧慶	12,000원
35 道敎와 中國文化	葛兆光 / 沈揆昊	15,000원
36 禪宗과 中國文化	葛兆光 / 鄭相泓·任炳權	8,000원
37 오페라의 역사	L. 오레이 / 류연희	절판
38 인도종교미술	A. 무케르지 / 崔炳植	14,000원
39 힌두교의 그림언어	안넬리제 外 / 全在星	9,000원
40 중국고대사회	許進雄 / 洪 熹	30,000원
41 중국문화개론	李宗桂 / 李宰碩	23,000원
42 龍鳳文化源流	王大有 / 林東錫	25,000원
43 甲骨學通論	王宇信 / 李宰碩	40,000원
44 朝鮮巫俗考	李能和 / 李在崑	20,000원
45 미술과 페미니즘	N. 부루드 外 / 扈承喜	9,000원
46 아프리카미술	P. 윌레뜨 / 崔炳植	절판
47 美의 歷程	李澤厚 / 尹壽榮	28,000원
48 曼茶羅의 神들	立川武藏 / 金龜山	19,000원
49 朝鮮歲時記	洪錫謨 外/李錫浩	30,000원
50 하 상	蘇曉康 外 / 洪 熹	절판
51 武藝圖譜通志 實技解題	正 祖 / 沈雨晟·金光錫	15,000원
52 古文字學첫걸음	李學勤 / 河永三	14,000원
53 體育美學	胡小明 / 閔永淑	18,000원
54 아시아 美術의 再發見	崔炳植	9,000원
55 曆과 占의 科學	永田久 / 沈雨晟	8,000원

56 中國小學史	胡奇光 / 李宰碩	20,000원
57 中國甲骨學史	吳浩坤 外 / 梁東淑	35,000원
58 꿈의 철학	劉文英 / 河永三	22,000원
59 女神들의 인도	立川武藏 / 金龜山	19,000원
60 性의 역사	J. L. 플랑드렝 / 편집부	18,000원
61 쉬르섹슈얼리티	W. 챠드윅 / 편집부	10,000원
62 여성속담사전	宋在璇	18,000원
63 박재서희곡선	朴栽緖	10,000원
64 東北民族源流	孫進己 / 林東錫	13,000원
65 朝鮮巫俗의 硏究(상·하)	赤松智城·秋葉隆 / 沈雨晟	28,000원
66 中國文學 속의 孤獨感	斯波六郎 / 尹壽榮	8,000원
67 한국사회주의 연극운동사	李康列	8,000원
68 스포츠인류학	K. 블랑챠드 外 / 박기동 外	12,000원
69 리조복식도감	리팔찬	20,000원
70 娼 婦	A. 꼬르벵 / 李宗旼	22,000원
71 조선민요연구	高晶玉	30,000원
72 楚文化史	張正明 / 南宗鎭	26,000원
73 시간, 욕망, 그리고 공포	A. 코르뱅 / 변기찬	18,000원
74 本國劍	金光錫	40,000원
75 노트와 반노트	E. 이오네스코 / 박형섭	20,000원
76 朝鮮美術史硏究	尹喜淳	7,000원
77 拳法要訣	金光錫	30,000원
78 艸衣選集	艸衣意恂 / 林鍾旭	20,000원
79 漢語音韻學講義	董少文 / 林東錫	10,000원
80 이오네스코 연극미학	C. 위베르 / 박형섭	9,000원
81 중국문자훈고학사전	全廣鎭 편역	23,000원
82 상말속담사전	宋在璇	10,000원
83 書法論叢	沈尹默 / 郭魯鳳	16,000원
84 침실의 문화사	P. 디비 / 편집부	9,000원
85 禮의 精神	柳 肅 / 洪 熹	20,000원
86 조선공예개관	沈雨晟 편역	30,000원
87 性愛의 社會史	J. 솔레 / 李宗旼	18,000원
88 러시아미술사	A. I. 조토프 / 이건수	22,000원
89 中國書藝論文選	郭魯鳳 選譯	25,000원
90 朝鮮美術史	關野貞 / 沈雨晟	30,000원
91 美術版 탄트라	P. 로슨 / 편집부	8,000원
92 군달리니	A. 무케르지 / 편집부	9,000원
93 카마수트라	바짜야나 / 鄭泰爀	18,000원
94 중국언어학총론	J. 노먼 / 全廣鎭	28,000원
95 運氣學說	任應秋 / 李宰碩	15,000원
96 동물속담사전	宋在璇	20,000원
97 자본주의의 아비투스	P. 부르디외 / 최종철	10,000원

98 宗敎學入門	F. 막스 뮐러 / 金龜山	10,000원
99 변 화	P. 바츨라빅크 外 / 박인철	10,000원
100 우리나라 민속놀이	沈雨晟	15,000원
101 歌訣(중국역대명언경구집)	李宰碩 편역	20,000원
102 아니마와 아니무스	A. 융 / 박해순	8,000원
103 나, 너, 우리	L. 이리가라이 / 박정오	12,000원
104 베케트연극론	M. 푸크레 / 박형섭	8,000원
105 포르노그래피	A. 드워킨 / 유혜련	12,000원
106 셸 링	M. 하이데거 / 최상욱	12,000원
107 프랑수아 비용	宋 勉	18,000원
108 중국서예 80제	郭魯鳳 편역	16,000원
109 性과 미디어	W. B. 키 / 박해순	12,000원
110 中國正史朝鮮列國傳(전2권)	金聲九 편역	120,000원
111 질병의 기원	T. 매큐언 / 서 일·박종연	12,000원
112 과학과 젠더	E. F. 켈러 / 민경숙·이현주	10,000원
113 물질문명·경제·자본주의	F. 브로델 / 이문숙 外	절판
114 이탈리아인 태고의 지혜	G. 비코 / 李源斗	8,000원
115 中國武俠史	陳 山 / 姜鳳求	18,000원
116 공포의 권력	J. 크리스테바 / 서민원	23,000원
117 주색잡기속담사전	宋在璇	15,000원
118 죽음 앞에 선 인간(상·하)	P. 아리에스 / 劉仙子	각권 8,000원
119 철학에 대하여	L. 알뛰세르 / 서관모·백승욱	12,000원
120 다른 곳	J. 데리다 / 김다은·이혜지	10,000원
121 문학비평방법론	D. 베르제 外 / 민혜숙	12,000원
122 자기의 테크놀로지	M. 푸코 / 이희원	16,000원
123 새로운 학문	G. 비코 / 李源斗	22,000원
124 천재와 광기	P. 브르노 / 김웅권	13,000원
125 중국은사문화	馬 華·陳正宏 / 강경범·천현경	12,000원
126 푸코와 페미니즘	C. 라마자노글루 外 / 최 영 外	16,000원
127 역사주의	P. 해밀턴 / 임옥희	12,000원
128 中國書藝美學	宋 民 / 郭魯鳳	16,000원
129 죽음의 역사	P. 아리에스 / 이종민	18,000원
130 돈속담사전	宋在璇 편	15,000원
131 동양극장과 연극인들	김영무	15,000원
132 生育神과 性巫術	宋兆麟 / 洪 熹	20,000원
133 미학의 핵심	M. M. 이턴 / 유호전	20,000원
134 전사와 농민	J. 뒤비 / 최생열	18,000원
135 여성의 상태	N. 에니크 / 서민원	22,000원
136 중세의 지식인들	J. 르 고프 / 최애리	18,000원
137 구조주의의 역사(전4권)	F. 도스 / 김웅권 外	Ⅰ·Ⅱ·Ⅳ 15,000원 / Ⅲ 18,000원
138 글쓰기의 문제해결전략	L. 플라워 / 원진숙·황정현	20,000원
139 음식속담사전	宋在璇 편	16,000원

140	고전수필개론	權 瑚	16,000원
141	예술의 규칙	P. 부르디외 / 하태환	23,000원
142	"사회를 보호해야 한다"	M. 푸코 / 박정자	20,000원
143	페미니즘사전	L. 터틀 / 호승희·유혜련	26,000원
144	여성심벌사전	B. G. 워커 / 정소영	근간
145	모데르니테 모데르니테	H. 메쇼닉 / 김다은	20,000원
146	눈물의 역사	A. 벵상뷔포 / 이자경	18,000원
147	모더니티입문	H. 르페브르 / 이종민	24,000원
148	재생산	P. 부르디외 / 이상호	23,000원
149	종교철학의 핵심	W. J. 웨인라이트 / 김희수	18,000원
150	기호와 몽상	A. 시몽 / 박형섭	22,000원
151	융분석비평사전	A. 새뮤얼 外 / 민혜숙	16,000원
152	운보 김기창 예술론연구	최병식	14,000원
153	시적 언어의 혁명	J. 크리스테바 / 김인환	20,000원
154	예술의 위기	Y. 미쇼 / 하태환	15,000원
155	프랑스사회사	G. 뒤프 / 박 단	16,000원
156	중국문예심리학사	劉偉林 / 沈揆昊	30,000원
157	무지카 프라티카	M. 캐넌 / 김혜중	25,000원
158	불교산책	鄭泰爀	20,000원
159	인간과 죽음	E. 모랭 / 김명숙	23,000원
160	地中海	F. 브로델 / 李宗旼	근간
161	漢語文字學史	黃德實·陳秉新 / 河永三	24,000원
162	글쓰기와 차이	J. 데리다 / 남수인	28,000원
163	朝鮮神事誌	李能和 / 李在崑	근간
164	영국제국주의	S. C. 스미스 / 이태숙·김종원	16,000원
165	영화서술학	A. 고드로·F. 조스트 / 송지연	17,000원
166	美學辭典	사사키 겡이치 / 민주식	22,000원
167	하나이지 않은 성	L. 이리가라이 / 이은민	18,000원
168	中國歷代書論	郭魯鳳 譯註	25,000원
169	요가수트라	鄭泰爀	15,000원
170	비정상인들	M. 푸코 / 박정자	25,000원
171	미친 진실	J. 크리스테바 外 / 서민원	25,000원
172	디스탱송	P. 부르디외 / 이종민	근간
173	세계의 비참(전3권)	P. 부르디외 外 / 김주경	각권 26,000원
174	수묵의 사상과 역사	崔炳植	근간
175	파스칼적 명상	P. 부르디외 / 김웅권	22,000원
176	지방의 계몽주의	D. 로슈 / 주명철	30,000원
177	이혼의 역사	R. 필립스 / 박범수	25,000원
178	사랑의 단상	R. 바르트 / 김희영	20,000원
179	中國書藝理論體系	熊秉明 / 郭魯鳳	23,000원
180	미술시장과 경영	崔炳植	16,000원
181	카프카 — 소수적인 문학을 위하여	G. 들뢰즈·F. 가타리 / 이진경	18,000원

182 이미지의 힘 — 영상과 섹슈얼리티	A. 쿤 / 이형식	13,000원
183 공간의 시학	G. 바슐라르 / 곽광수	23,000원
184 랑데부 — 이미지와의 만남	J. 버거 / 임옥희·이은경	18,000원
185 푸코와 문학 — 글쓰기의 계보학을 향하여	S. 듀링 / 오경심·홍유미	26,000원
186 각색, 연극에서 영화로	A. 엘보 / 이선형	16,000원
187 폭력과 여성들	C. 도펭 外 / 이은민	18,000원
188 하드 바디 — 할리우드 영화에 나타난 남성성	S. 제퍼드 / 이형식	18,000원
189 영화의 환상성	J.-L. 뢰트라 / 김경온·오일환	18,000원
190 번역과 제국	D. 로빈슨 / 정혜욱	16,000원
191 그라마톨로지에 대하여	J. 데리다 / 김웅권	35,000원
192 보건 유토피아	R. 브로만 外 / 서민원	20,000원
193 현대의 신화	R. 바르트 / 이화여대기호학연구소	20,000원
194 중국회화백문백답	郭魯鳳	근간
195 고서화감정개론	徐邦達 / 郭魯鳳	30,000원
196 상상의 박물관	A. 말로 / 김웅권	26,000원
197 부빈의 일요일	J. 뒤비 / 최생열	22,000원
198 아인슈타인의 최대 실수	D. 골드스미스 / 박범수	16,000원
199 유인원, 사이보그, 그리고 여자	D. 해러웨이 / 민경숙	25,000원
200 공동생활 속의 개인주의	F. 드 생글리 / 최은영	20,000원
201 기식자	M. 세르 / 김웅권	24,000원
202 연극미학 — 플라톤에서 브레히트까지의 텍스트들	J. 셰레 外 / 홍지화	24,000원
203 철학자들의 신	W. 바이셰델 / 최상욱	34,000원
204 고대 세계의 정치	모제스 I. 핀레이 / 최생열	16,000원
205 프란츠 카프카의 고독	M. 로베르 / 이창실	18,000원
206 문화 학습 — 실천적 입문서	J. 자일스·T. 미들턴 / 장성희	24,000원
207 호모 아카데미쿠스	P. 부르디외 / 임기대	29,000원
208 朝鮮槍棒敎程	金光錫	40,000원
209 자유의 순간	P. M. 코헨 / 최하영	16,000원
210 밀교의 세계	鄭泰爀	16,000원
211 토탈 스크린	J. 보드리야르 / 배영달	19,000원
212 영화와 문학의 서술학	F. 바누아 / 송지연	22,000원
213 텍스트의 즐거움	R. 바르트 / 김희영	15,000원
214 영화의 직업들	B. 라트롱슈 / 김경온·오일환	16,000원
215 소설과 신화	이용주	15,000원
216 문화와 계급 — 부르디외와 한국 사회	홍성민 外	18,000원
217 작은 사건들	R. 바르트 / 김주경	14,000원
218 연극분석입문	J.-P. 링가르 / 박형섭	18,000원
219 푸코	G. 들뢰즈 / 허 경	17,000원
220 우리나라 도자기와 가마터	宋在璇	30,000원
221 보이는 것과 보이지 않는 것	M. 퐁티 / 남수인·최의영	30,000원
222 메두사의 웃음/출구	H. 식수 / 박혜영	19,000원
223 담화 속의 논증	R. 아모시 / 장인봉	20,000원

224	포켓의 형태	J. 버거 / 이영주	16,000원
225	이미지심벌사전	A. 드 브리스 / 이원두	근간
226	이데올로기	D. 호크스 / 고길환	16,000원
227	영화의 이론	B. 발라즈 / 이형식	20,000원
228	건축과 철학	J. 보드리야르 · J. 누벨 / 배영달	16,000원
229	폴 리쾨르 — 삶의 의미들	F. 도스 / 이봉지 外	38,000원
230	서양철학사	A. 케니 / 이영주	29,000원
231	근대성과 육체의 정치학	D. 르 브르통 / 홍성민	20,000원
232	허난설헌	金成南	16,000원
233	인터넷 철학	G. 그레이엄 / 이영주	15,000원
234	사회학의 문제들	P. 부르디외 / 신미경	23,000원
235	의학적 추론	A. 시쿠렐 / 서민원	20,000원
236	튜링 — 인공지능 창시자	J. 라세구 / 임기대	16,000원
237	이성의 역사	F. 샤틀레 / 심세광	16,000원
238	朝鮮演劇史	金在喆	22,000원
239	미학이란 무엇인가	M. 지므네즈 / 김웅권	23,000원
240	古文字類編	高 明	40,000원
241	부르디외 사회학 이론	L. 핀토 / 김용숙 · 김은희	20,000원
242	문학은 무슨 생각을 하는가?	P. 마슈레 / 서민원	23,000원
243	행복해지기 위해 무엇을 배워야 하는가? A. 우지오 外 / 김교신		18,000원
244	영화와 회화: 탈배치	P. 보니체 / 홍지화	18,000원
245	영화 학습 — 실천적 지표들	F. 바누아 外 / 문신원	16,000원
246	회화 학습 — 실천적 지표들	F. 기블레 / 고수현	근간
247	영화미학	J. 오몽 外 / 이용주	24,000원
248	시 — 형식과 기능	J. L. 주베르 / 김경온	근간
249	우리나라 옹기	宋在璇	40,000원
250	검은 태양	J. 크리스테바 / 김인환	27,000원
251	어떻게 더불어 살 것인가	R. 바르트 / 김웅권	28,000원
252	일반 교양 강좌	E. 코바 / 송대영	23,000원
253	나무의 철학	R. 뒤마 / 송형석	29,000원
254	영화에 대하여 — 에이리언과 영화철학 S. 멀할 / 이영주		18,000원
255	문학에 대하여 — 행동하는 지성 H. 밀러 / 최은주		16,000원
256	미학 연습 — 플라톤에서 에코까지 임우영 外 편역		18,000원
257	조희룡 평전	김영회 外	18,000원
258	역사철학	F. 도스 / 최생열	23,000원
259	철학자들의 동물원	A. L. 브라 쇼파르 / 문신원	22,000원
260	시각의 의미	J. 버거 / 이용은	24,000원
261	들뢰즈	A. 괄란디 / 임기대	13,000원
262	문학과 문화 읽기	김종갑	16,000원
263	과학에 대하여 — 행동하는 지성 B. 리들리 / 이영주		근간
264	장 지오노와 서술 이론	송지연	18,000원
265	영화의 목소리	M. 시옹 / 박선주	20,000원

266	사회보장의 발명	J. 동즐로 / 주형일	17,000원
267	이미지와 기호	M. 졸리 / 이선형	22,000원
268	위기의 식물	J. M. 펠트 / 이충건	근간
269	중국 소수민족의 원시종교	洪 熹	18,000원
270	영화감독들의 영화 이론	J. 오몽 / 곽동준	22,000원
271	중첩	J. 들뢰즈·C. 베네 / 허희정	18,000원
272	대담 — 디디에 에리봉과의 자전적 인터뷰	J. 뒤메질 / 송대영	근간
273	중립	R. 바르트 / 김웅권	30,000원
274	알퐁스 도데의 문학과 프로방스 문화	이종민	16,000원
275	우리말 釋迦如來行蹟頌	高麗 無寄 / 金月雲	18,000원
276	金剛經講話	金月雲 講述	18,000원
277	자유와 결정론	O. 브르니피에 外 / 최은영	16,000원
278	도리스 레싱: 20세기 여성의 초상	민경숙	24,000원
279	기독교윤리학의 이론과 방법론	김희수	24,000원
280	과학에서 생각하는 주제 100가지	I. 스탕저 外 / 김웅권	21,000원
281	말로와 소설의 상징시학	김웅권	22,000원
282	키에르케고르	C. 르 블랑 / 이창실	14,000원
283	시나리오 쓰기의 이론과 실제	A. 로슈 外 / 이용주	25,000원
284	조선사회경제사	白南雲 / 沈雨晟	30,000원
285	이성과 감각	O. 브르니피에 外 / 이은민	16,000원
286	행복의 단상	C. 앙드레 / 김교신	20,000원
287	삶의 의미 — 행동하는 지성	J. 코팅헴 / 강혜원	16,000원
288	안티고네의 주장	J. 버틀러 / 조현순	14,000원
289	예술 영화 읽기	이선형	19,000원
290	달리는 꿈, 자동차의 역사	P. 치글러 / 조국현	17,000원
291	매스커뮤니케이션과 사회	현택수	17,000원
292	교육론	J. 피아제 / 이병애	22,000원
293	연극 입문	히라타 오리자 / 고정은	13,000원
294	역사는 계속된다	G. 뒤비 / 백인호·최생열	16,000원
295	에로티시즘을 위한 즐기기 위한 100가지 기본 용어	J. -C. 마르탱 / 김웅권	19,000원
296	대화의 기술	A. 밀롱 / 공정아	17,000원
297	실천 이성	P. 부르디외 / 김웅권	19,000원
298	세미오티케	J. 크리스테바 / 서민원	28,000원
299	앙드레 말로의 문학 세계	김웅권	22,000원
300	20세기 독일철학	W. 슈나이더스 / 박중목	18,000원
301	횔덜린의 송가 〈이스터〉	M. 하이데거 / 최상욱	20,000원
302	아이러니와 모더니티 담론	E. 벨러 / 이강훈·신주철	16,000원
303	부알로의 시학	곽동준 편역 및 주석	20,000원
304	음악 녹음의 역사	M. 채넌 / 박기호	23,000원
305	시학 입문	G. 데송 / 조재룡	26,000원
306	정신에 대해서 — 하이데거와 물음	J. 데리다 / 박찬국	20,000원
307	디알로그	G. 들뢰즈·C. 파르네 / 허희정·전승화	20,000원

308	철학적 분과 학문	A. 피퍼 / 조국현	25,000원
1001	베토벤: 전원교향곡	D. W. 존스 / 김지순	15,000원
1002	모차르트: 하이든 현악 4중주곡	J. 어빙 / 김지순	14,000원
1003	베토벤: 에로이카 교향곡	T. 시프 / 김지순	18,000원
1004	모차르트: 주피터 교향곡	E. 시스먼 / 김지순	18,000원
1005	바흐: 브란덴부르크 협주곡	M. 보이드 / 김지순	18,000원
1006	바흐: B단조 미사	J. 버트 / 김지순	18,000원
1007	하이든: 현악4중주곡 Op.50	W. 딘 주트클리페 / 김지순	18,000원
2001	우리 아이들에게 어떤 지표를 주어야 할까?	J. L. 오베르 / 이창실	16,000원
2002	상처받은 아이들	N. 파브르 / 김주경	16,000원
2003	엄마 아빠, 꿈꿀 시간을 주세요!	E. 부젱 / 박주원	16,000원
2004	부모가 알아야 할 유치원의 모든 것들	N. 뒤 소수아 / 전재민	18,000원
2005	부모들이여, '안 돼'라고 말하라!	P. 들라로슈 / 김주경	19,000원
2006	엄마 아빠, 전 못하겠어요!	E. 리공 / 이창실	18,000원
3001	《새》	C. 파글리아 / 이형식	13,000원
3002	《시민 케인》	L. 멀비 / 이형식	13,000원
3101	《제7의 봉인》 비평 연구	E. 그랑조르주 / 이은민	17,000원
3102	《쥘과 짐》 비평 연구	C. 르 베르 / 이은민	18,000원
3103	《시민 케인》 비평 연구	J. 루아 / 이용주	15,000원
3104	《센소》 비평 연구	M. 라니 / 이수원	18,000원

【기 타】

▨ 모드의 체계	R. 바르트 / 이화여대기호학연구소	18,000원
▨ 라신에 관하여	R. 바르트 / 남수인	10,000원
▨ 說 苑 (上·下)	林東錫 譯註	각권 30,000원
▨ 晏子春秋	林東錫 譯註	30,000원
▨ 西京雜記	林東錫 譯註	20,000원
▨ 搜神記 (上·下)	林東錫 譯註	각권 30,000원
■ 경제적 공포〔메디치賞 수상작〕	V. 포레스테 / 김주경	7,000원
■ 古陶文字徵	高 明·葛英會	20,000원
■ 그리하여 어느날 사랑이여	이외수 편	4,000원
■ 너무한 당신, 노무현	현택수 칼럼집	9,000원
■ 노력을 대신하는 것은 없다	R. 쉬이 / 유혜련	5,000원
■ 노블레스 오블리주	현택수 사회비평집	7,500원
■ 딸에게 들려 주는 작은 지혜	N. 레흐레이트너 / 양영란	6,500원
■ 미래를 원한다	J. D. 로스네 / 문 선·김덕희	8,500원
■ 바람의 자식들—정치시사 칼럼집	현택수	8,000원
■ 사랑의 존재	한용운	3,000원
■ 산이 높으면 마땅히 우러러볼 일이다	유 향 / 임동석	5,000원
■ 서기 1000년과 서기 2000년 그 두려움의 흔적들	J. 뒤비 / 양영란	8,000원
■ 서비스는 유행을 타지 않는다	B. 바게트 / 정소영	5,000원
■ 선종이야기	홍 희 편저	8,000원

■ 섬으로 흐르는 역사	김영회	10,000원
■ 세계사상		창간호~3호: 각권 10,000원 / 4호: 14,000원
■ 십이속상도안집	편집부	8,000원
■ 얀 이야기 ① 얀과 카와카마스	마치다 준 / 김은진·한인숙	8,000원
■ 어린이 수묵화의 첫걸음(전6권)	趙 陽 / 편집부	각권 5,000원
■ 오늘 다 못다한 말은	이외수 편	7,000원
■ 오블라디 오블라다, 인생은 브래지어 위를 흐른다	무라카미 하루키 / 김난주	7,000원
■ 이젠 다시 유혹하지 않으련다	P. 쌍소 / 서민원	9,000원
■ 인생은 앞유리를 통해서 보라	B. 바게트 / 박해순	5,000원
■ 자기를 다스리는 지혜	한인숙 편저	10,000원
■ 천연기념물이 된 바보	최병식	7,800원
■ 原本 武藝圖譜通志	正祖 命撰	60,000원
■ 테오의 여행 (전5권)	C. 클레망 / 양영란	각권 6,000원
■ 한글 설원 (상·중·하)	임동석 옮김	각권 7,000원
■ 한글 안자춘추	임동석 옮김	8,000원
■ 한글 수신기 (상·하)	임동석 옮김	각권 8,000원

【만 화】

■ 동물학	C. 세르	14,000원
■ 블랙 유머와 흰 가운의 의료인들	C. 세르	14,000원
■ 비스 콩프리	C. 세르	14,000원
■ 세르(평전)	Y. 프레미옹 / 서민원	16,000원
■ 자가 수리공	C. 세르	14,000원
▨ 못말리는 제임스	M. 톤라 / 이영주	12,000원
▨ 레드와 로버	B. 바세트 / 이영주	12,000원

【동문선 주네스】

■ 고독하지 않은 홀로되기	P. 들레름·M. 들레름 / 박정오	8,000원
■ 이젠 나도 느껴요!	이사벨 주니오 그림	14,000원
■ 이젠 나도 알아요!	도로테 드 몽프리드 그림	16,000원

【조병화 작품집】

■ 공존의 이유	제11시집	5,000원
■ 그리운 사람이 있다는 것은	제45시집	5,000원
■ 길	애송시모음집	10,000원
■ 개구리의 명상	제40시집	3,000원
■ 그리움	애송시화집	7,000원
■ 꿈	고희기념자선시집	10,000원
■ 넘을 수 없는 세월	제53시집	10,000원
■ 따뜻한 슬픔	제49시집	5,000원
■ 버리고 싶은 유산	제 1시집	3,000원
■ 사랑의 노숙	애송시집	4,000원

東文選 文藝新書 2002

상처받은 아이들

니콜 파브르

김주경 옮김

우리가 유년기를 아무리 구름 한 점 없는 행복한 시기로 꿈꾼다고 해도, 그 시기가 우리의 바람처럼 언제나 낙원인 것은 아니다. 유년기 속에는 여러 가지 함정, 크고 작은 시련들이 숨겨져 있다. 아이는 이러한 것들 덕분에 자신을 튼튼히 세워 가기도 하고, 또한 이러한 것들 때문에 상처를 입을 위험도 있다.

가정과 학교에서 어른들은 때때로 아이들에게 아픔을 주기도 하고, 그들의 고통스러운 외침에 귀를 닫기도 한다. 또 곁에 없는 부모로 인해 상처를 입은 아이가 생기는 것은, 아이에게 그 부모의 빈자리를 제대로 설명하지 못했기 때문이다. 뿐만 아니라 어떤 사실에 대해 아이에게 전혀 말을 하지 않고 비밀을 만드는 것은 아이를 무력하게 만들며, 삶의 의욕마저 앗아 갈 수 있다. 아이의 허약한 육체나 질병도 삶에서 심리학적인 문제를 가져올 수 있다. 유년기에는 이처럼 찔리고 터지고 깨지고 찢어진 온갖 상처들이 존재할 수 있다. 그런데도 흔히 우리는 아이가 표현할 수 없는, 혹은 표현할 줄 모르는 고통 같은 것은 옆으로 제쳐 놓기 십상이다.

담임 선생님을 싫어하는 파비앙, 어머니의 비극적인 죽음을 가슴에 묻어두었던 상드라, 침묵에 짓눌린 프랑크, 뱃속에서부터 이미 손상되었던 세브랭의 경우 등을 통해서 정신분석가 니콜 파브르는 상처가 밖으로 표현됨으로써 아물어 가는 것을 보여 주고 있다. 그녀는 치료 과정에서 심리요법이 하는 역할과 아이가 정신분석가에게서 구할 수 있는 도움을 놀랍도록 섬세하게 설명해 주고 있다. 시련이란 일단 극복되고 나면 균형잡히게 자라도록 받쳐 주는 개성을 이루는 하나의 흔적이 될 수 있기 때문이다.

東文選 文藝新書 2001

우리 아이들에게
어떤 지표를 주어야 할까?

장 뤽 오베르 / 이창실 옮김

　가족이 해체되고, 종교와 신앙·가치들이 의문에 부쳐지고, 권위와 교육적 기준들이 흔들리고 있다. 오늘날 전통적 지표들이 동요하고 있는 것이다. 그런데 아이가 밝고 건강하게 자라기 위해서는 반드시 지표들이 주어져야 한다. 그렇지 못할 경우에 극단적인 태도로 기울어질 위험이 있기 때문이다.
　교육심리학자이자 여러 저서의 저자이기도 한 장 뤽 오베르는, 아이들과 부모들에 대한 일상의 관찰에 힘입어 다음의 질문들에 대답하고 있다.

- 갓난아이, 어린아이, 청소년에게는 어떤 지표들이 반드시 필요한가?
- 아이를 과잉보호하지 않고 어떻게 안심시킬 수 있을까?
- 왜 다른 교육이 필요한가?
- 청소년기의 위기 앞에서 어떻게 반응해야 할까?
- 건전한 지표들과 불건전한 지표들을 어떻게 구별할 수 있을까?
- 무엇이 아이에게 강한 정체성을 부여하는 것일까?
- 쾌락과 관련된 지표들이 어떤 점에서 중요한가?
- 아이들은 신앙을 필요로 하는가?

　본서는 부모들의 필독서로서, 그들에게 반성의 실마리 및 조언을 주어 자녀들이 절대적으로 필요로 하는 지표들을 제공할 수 있도록 한다. 그리하여 아동이 속박이나 염려스러운 불분명함 속에 방치되는 일 없이 교육을 통해 적절한 균형을 찾을 수 있도록 도와 준다. 또한 현재와 미래의 행복한 삶을 위한 성공의 조건들을 하나하나 제시해 나간다.